漢語史における
指示詞と人称詞

*Demonstratives and Pronouns
in Chinese Language*

西山猛
Takeshi NISHIYAMA

好文出版

はしがき

　本書のタイトルは『漢語史における指示詞と人称詞』である。まずタイトルについて定義しておきたい。

　漢語は一般的には「中国語」と呼ばれている。しかし厳密に言えば「中国語」という言語は存在しない。「北京語」、「広東語」などの言語の総称として「漢語」が存在し、中国にはその他「モンゴル語」や「チベット語」などが存在する[1]。よって本書では「漢語」と呼ぶことにする。

　「漢語史」とは「漢語の歴史」という意味である。中国では大学の専攻などで「漢語史」という呼称が使用されているので、本書もそれに従う。

　「指示詞」は品詞分類の一つである。一般には「代名詞」の下位区分として「指示代名詞」等と称される向きもあるが、「指示詞」は他の品詞とは異なる用法が多く認められるため、本書では「指示詞」の呼称を用いる[2]。

　「人称詞」は「人称代名詞」と一般には称されている。本書でも「人称代名詞」の問題を論じる部分が多いが、本書ではしばしば「人称代名詞」よりも広い概念である「人称詞」を特に取り上げて論じている。よって本書では「人称詞」という呼び方を使用することにする[3]。

　本書は漢語における指示詞と人称詞の問題について、特に時代を中国の戦国時代から元代まで (B. C. 402〜A. D. 1368) に設定して論じることにする[4]。

---

[1] 詳細については例えば柴田1993を参照。
[2] 金水・田窪1992は日本語の「指示詞」研究文献を集めた資料集である。
[3] 「人称詞」の定義については鈴木孝夫1973を参照。
[4] 時期区分については本書1.1にて述べる。

目　次

はしがき　／　i

凡例　／　iv

序章　古代漢語の指示詞と人称詞
　0.1　漢語の指示詞と人称代名詞　／　2
　0.2　漢語における指示詞と人称代名詞　／　3

第1章　漢語史の時期区分と言語資料の選定
　1.1　漢語史における時期区分の再設定　／　6
　1.2　古代漢語研究における言語資料選別の基準　／　13

第2章　古代漢語の指示詞
　2.1　対照研究の観点から見た古代漢語指示詞研究略史　／　18
　2.2　上古漢語における指示詞の認識構造　／　23
　2.3　古代漢語「是」字における繋詞としての成立と指示詞としての変遷
　　　　　　　　　　　　　　　　　　　　　　　　　／　41
　2.4　『孟子』近称指示詞の限定語としての語用の特殊性　／　50
　2.5　古代漢語における場所を表す疑問代名詞の歴史的変遷　／　64
　2.6　上古漢語における指示詞「彼」の他称詞としての用法　／　76

第 3 章　古代漢語の人称詞
　3.1　古代漢語における人称代名詞の概要 ／ 86
　3.2　上古漢語における代名詞「其」の特殊用法 ／ 89
　3.3　上古漢語における第一人称代名詞「予」の用いられる条件 ／ 97
　3.4　『楚辭』第一人称代名詞の用法から見た上古漢語の方言間による違い ／ 112
　3.5　『遊仙窟』における主人公の呼称 ／ 129

第 4 章　近世漢語における指示詞と人称詞の展開
　4.1　白話文の成立における言語資料選別の基準 ／ 144
　4.2　早期白話における場所を表す疑問代名詞の歴史的変遷 ／ 147
　4.3　敦煌変文における近称指示詞の諸相 ／ 157
　4.4　『大唐三蔵取経詩話』における主人公の呼称 ／ 165

第 5 章　結論と今後の展望 ／ 192

参考文献目録 ／ 196

初出誌一覧 ／ 206

学術用語索引 ／ 210

あとがき ／ 211

凡 例

1．日本語の表記は常用漢字、現代仮名遣いとする。中国語の表記は人名、地名、原文など基本的に繁体字を用いる。

2．日本語の表記は「・・・、・・・。」とし、中国語原文の表記は「・・・,・・・。」とする。

3．章立ての表記は本文中では「第1章第1節第1項…」のようにし、表題においては「1．1．1…」のようにする。

4．中国語の時期区分については第1章第1節を参照されたい。

序 章

漢語史における指示詞と人称詞

0.1　漢語の指示詞と人称代名詞

　漢語、俗に「中国語」と呼ばれる言語には大きく分けて二種が存在する[1]。それはおおまかな時期区分で言えば「古代漢語」[2]と「現代漢語」、文体の観点から言えば「文言」と「白話」である。

　古代漢語は例えば司馬遷の『史記』などがこれにあたる。「現代漢語」は『駱駝祥子』などである[3]。こういった作品を読む方法としてはいろいろなアプローチがあるが、語学的にまず本文そのものの意味を分析してゆくことが求められるのは言うまでもない。

　その際にさまざまな文法事項の検討が必要とされるが、その中でも特に指示詞や人称代名詞の構造や意味を考えてゆくことは一つの大きな領域と考えてよいであろう。

　例えば指示詞に関しては、古代漢語では一般に「此」、「茲」、「是」、「斯」、「彼」、「夫」などの語彙があるとされる。また現代漢語では「這」、「那」、「哪」などといったそれである。

　また例えば人称代名詞では、古代漢語では「我」、「吾」、「余」、「俺」、「爾」、「汝」、「而」、「其」、「之」、「諸」などであり、また現代漢語については「我」、「你」、「妳」、「您」、「他」、「她」、「它」などの語彙がある。

　こういった事項については古代漢語では例えば 王力1981 に詳しい。現代漢語では 商務印書館1998 にそれを見ることができる。

---

[1] 厳密に言えば「中国語」という言語は存在しない。「漢語」、「モンゴル語」、「チベット語」といった言語が存在する。
[2] 中国では例えば 王力1981 において規定されているように、「古代漢語」は「現代漢語」以前の作品を指すとし、『左傳』から『西廂記』までを題材に挙げている。しかし文体という視点からすれば、こういった現代との対比という問題だけでは検討は十分ではない。
[3] 詳しい時期区分については１.１で提示する。

0. 2　漢語における指示詞と人称代名詞

　ところでそういった語彙が、1）いつの時代に、2）具体的にどの文献に、3）幾つあるのか、については従来あまり顧みられなかったようである。例えば漢語史の分野において、現在日本における最も基本的な文献である太田1958においても、用例は随意に挙げていると思われる。中国においても王力1989は太田氏と同様の手法を用いている。

　そういった中において具体的に用例数を挙げて文法事項を検討した研究者として、私は何樂士の一連の著作を挙げておきたい。例えば 何樂士1984では『左傳』の人称代名詞の用例数を纏め、具体例を挙げている。例えば「吾」は597例あり、主語は365例である。同書のp.287において「吾」の1例を次のように挙げる。

(1) 吾視其轍亂，望其旗靡，故逐之。」(『左傳』莊公十年)
　(私はその轍の乱れを見、その旗の倒れたのを見ましたので、追いかけたのです。)

　現在中国における漢語研究は、しかし残念ながら一般言語学の立場から述べたものとは言いがたい。それは中国大学講座編制では例えば「中国語言文学系」のように、漢語の研究という目的があって、漢語について音声や音韻そして文法現象を研究してゆくという、漢語に特化した研究のみが一般的だからである。それに対して本書は一般言語学の立場から漢語を研究し、現代漢語の手法を基に、漢語の指示詞と人称詞について具体例を纏めて、それを挙例するものである[4]。本書は漢語における指示詞や人称詞の問題を一般言語学の立場から述べたものであり、その成果は既に日本全国誌をはじめ幾つ

---

[4] 例えば古代漢語指示詞の検討については本書2．1を、人称詞について2．6を参照。

かの学術誌に発表しているものである。本書はこのように、漢語の指示詞や人称詞の問題について、より普遍的な立場から論じ纏めたものである。

　本書ではまず1章において漢語の時期区分を再設定し、次にどの言語資料を用いるかという資料選定の基準について論じる。

　また2章においては指示詞の問題を、基本的な枠組みから歴史的な変遷、さらには日本語と朝鮮語との対照についても検討する。また指示詞の人称詞との関連性についても言及する。

　次の3章では人称詞の問題を、まず名称の定義を定め、次に歴史的な変遷と方言間における違いについて検討し、個別の文献についても論じる。

　また指示、人称の問題が古代漢語の次のいわゆる「早期白話」にどう繋がっていくかということもたいへん重要な問題である。そこで4章では早期白話の言語資料の選別からその大まかな変遷を述べ、さらには個別の文献についても検討する。

　最後に5章では結論として、この問題が漢語史にとってどのような意義を持つのかについて述べる。

第 1 章

漢語史の時期区分と言語資料の選定

1.1 漢語史における時期区分の再設定

1.1.0 議論の前提

　漢語は一つの完成された形式を有している。それは「文言」と「白話」という一種の文語の基準とも言うべき文体であり、元来規範たるべき形式であったと言って良かろう。
　ただ漢語史における言語資料についてどのような時期区分を設定すればよいかという問題は、これまである意味無分別になされてきたのではないだろうか。
　例えば古代漢語については、大まかに見て『論語』『孟子』から『左傳』『史記』、そして『世説新語』といった文献が用いられている、といった時期区分になると考える。しかし従来そういった研究は殆どが、「この文法現象については『○○』の方がより規範となるものである」「このことについては『××』の方がより口語に近い」、等々の見解で締めくくられており、具体的な言及は等閑にされているといった印象である。しかし果たしてそれで良いのだろうか。
　本節ではまず言語資料を、時期に従って再定義、再区分しようとするものである。

1.1.1 古代漢語とそれ以前との再区分

　私がまず本項で試みたいのは、古代漢語の枠組みからそれ以前の資料を引き離すというやり方、即ち甲骨文、金文、『書經』（厳密に言えば『今文尚書』）

を古代漢語と区別する方法である[1]。

例えば『書經』には以下のような記述がある。

(1) 盤庚作惟涉河,以民遷。乃話民之弗率,誕告用亶其有衆。(『書經』盤庚中)
(盤庚は黄河を渡ろうとし、人々を転居させようとした。即ち命令に従わないものに語りかけ、真心をもって民衆に大いに語った。)

ここで扱われている言葉は後の例えば『論語』等とは明らかに異なる言葉遣いである。「盤庚作惟涉河」という部分は例えばその次の時代の「上古漢語」では「*作涉河」というように「惟」がないはずであるし、仮にあるとすれば例えば「*將作涉河」等となっていると推察する。「乃話民之弗率」の部分も上古漢語ではおそらく「*乃語民之弗率」等というように「話」が動詞として用いられることはないはずであるし、その他の部分も上古漢語では別の表現を用いるのではないだろうか[2]。

上古漢語の典型的な文献の一つである『孟子』の記述は例えば以下の通りである。

(2) 舜之不告而娶,則吾既得聞命矣;帝之妻舜而不告,何也？(『孟子』萬章上2)
(舜が父母に告げずに妻を娶ったことについては、私はその理由がわかりました。ですが堯帝が自分の娘達を舜に娶らせてそのことを舜の父母に告げなかったのはなぜでしょうか？)

---

[1] 『詩經』は厳密に言えば韻文であり、各篇の成立もばらばらであることから考えて、簡単に言語資料とするには問題が多い。よって私は該書を言語資料にしないことにする。また『書經』の成立年代については 張西堂1958 を参照のこと。
[2] 「話」が唐代において動詞として用いられた経緯については 西山2002b を参照のこと。

ここで用いられている語彙や文法事項等は、いずれも古代漢語の規範たるべき文体である。そして後世の文言もこういった『孟子』等の文献を規範として文章を執筆していったのである[3]。

このようにこの一例を取ってみても、例えば『書經』が後の文言の規範たり得ないことは明らかであるし、『孟子』が規範たり得ていることがわかるはずである。

ただし私は例えば『孟子』の一書全体が後の文言の規範たり得ていると言っているわけではない。この章の後の部分には以下のような記述がある。

(3) 謀蓋都君, 咸我績。牛羊父母, 倉廩父母、干戈朕, 琴朕, 弤朕, 二嫂使治朕棲。(『孟子』萬章上2)
(兄を殺害することを謀ったことは、すべて私の手柄だ。牛や羊は両親のもの、米倉も両親のもの、武器は私のもの、琴も私のもの、弓も私のもの、義姉さん二人は私の夜のつとめをさせることにしよう。)

この部分の言葉遣いは上古漢語のものではなく、それ以前の言語の語彙や文法現象を反映したものである[4]。

また同じく上古漢語の文法体系を有する『左傳』においてもそれ以前の漢語の文法現象を反映した箇所が見られる。以下の如くである。

(4) 其子幼弱, 其一二父兄懼隊宗主, 私族於謀, 而立長親。(『左傳』昭公十九年)
(その子は幼弱のため、その父兄は宗主が絶えるのを懼れ、一族内で謀って、年長の親族を立てたのです。)

---

[3] 1898〜99に成立した中国における最初の文法書である『馬氏文通』は、7326例もの引用を有する古代漢語の用例集としても有用であるが、そこに引かれている書物は多い順に『史記』、『孟子』、『左傳』等となっている。詳細は 張萬起1987を参照。
[4] このことについては、既に 西山1996において述べている。

ここでは「私族於謀」の部分が上古漢語の一般的な文法体系に合わない箇所で、ここでは「＊謀於私族」となるべき所である[5]。
このようにこの時代の漢語は後の文言からは隔絶された文体で、これらの文体は『孟子』や『左傳』等においては、典故を意識した場合にしか現れないものである。私はこういったものを古代漢語の枠組みから取り外して、独立したものとして呼びたいと思う。具体的には甲骨文、金文、『書經』など、商王朝から周王朝西周期のものを指すものとする。

　その名称そのものについて私は定見を持たない。ただ先行研究の中では、私自身は 大西1992 の研究に沿って、「商周漢語」という呼称を仮に提唱したいと考える。ただこの名称そのものについては固執していない。

1.1.2　中古漢語の下限の設定

　次に私が本項で試みたいのは、中古漢語の下限の設定である。

　古代漢語は第一章の区分に従えば、「上古漢語」と「中古漢語」に分けられると考えるのが妥当である。

　上古漢語は春秋期に活躍した孔丘の言葉を中心に収集した『論語』をその始めとし、『孟子』『左傳』等の戦国期の文献、そして前漢司馬遷『史記』を挙げることができよう[6]。

　中古漢語はいつから始まるか、というのも微妙な問題である。私は『史記』の中には既に中古漢語的要素が含まれていると考えるが、今回はそのことには触れず[7]に、いちおう後漢王充『論衡』をその始めとする。

　次に挙げておくべき文献は六朝劉宋に劉義慶によって編集された『世説新語』である。該書は後漢から三国両晋の人物のエピソードを集めたもので、

---

[5]　このことについては 西山1987 に既に述べている。
[6]　『史記』も厳密に言えば均質な資料と言えない部分を多く含むが、秦漢部分とそれ以前の部分で大まかに分けることができる。私は「『史記』秦漢部分」を言語資料にできると考える。詳しくは 漆権1984 を参照のこと。
[7]　詳しくは 西山2005、2.2 を参照。

内容の真偽はともかく語学的には新しい文法現象が現れてくる。例えば該書には場所を表す疑問形式「何處」が生まれる。1例を挙げる。

（5）虎賁中郎省應在何處？（巻2「言語」p.88）
（虎賁中郎省はどこにあるべきだろうか？）

　このように『世説新語』にはそれまでになかった「何處」という形式を有するようになるのである[8]。
　ところで問題はこの形式がいつまで使用されていたか、ということである。これは難しい問題である、というのは後の明清白話においてもこの「何處」という形が極めて普遍的なものとして使われているからである。
　例えば明代『西遊記』においてもこの「何處」は広く使われている。しかしこの『西遊記』が明清白話である理由は、この時期にはさらに場所を表す普遍的な疑問形式「那裏」が存在するからである。一例を挙げる。

（6）師父教我往那裏去？（『西遊記』第二回 p.23）
（師匠は私にどこに行けとおっしゃるのですか？）

　文言のような正統な書き言葉は別とすると、このように明清白話には普遍的な疑問形式があるのである。ところで問題になるのは、そこに口語が反映されたと考えられる古代漢語の文献において、どこまでが中古漢語であるのかということである。
　私は中古漢語の文献の一つとして、唐張文成の作といわれる『遊仙窟』を挙げたい。
　この作品では場所を表す疑問形式として「何處」が広く使われている。一例を挙げる。

---

[8] 詳しくは西山2005を参照。

(7) 十娘何處去？ 應有別人邀。（『遊仙窟』p.21）

（十娘様はどこに行かれたのです？ 他の人のお招きがあったのでしょう。）

　このように『遊仙窟』では「何處」という形式が完成された形で現れているのである。この『遊仙窟』は六朝の文体の影響を強く受けた文と詩からなる作品で、実際には初唐期に世に現れたものであろう。ちなみにこの作品は中国では散逸し、日本に現存し現在に至っている[9]。
この中古漢語は唐末五代の「敦煌変文」によって「近世漢語」という新しい文法体系の枠組みが生まれてくることになる。そこでは「甚處」「那裏」といった新しい語彙によって新たな文法形式が登場することになるが、今回はそのことは述べない[10]。

　以上場所を表す疑問形式を例に取り、中古漢語が『遊仙窟』によってその最終的な形を取ることを見た。

　ところで古代漢語の次に現れた所謂「白話」を時期区分としてどう位置づけるかということもたいへん重要な問題である。私はこのことについても確固たる定見を持ち合わせているわけではない。詳しくは第4章第1節に述べるが、ここでは日本の多くの研究者が提唱している「近世漢語」の名称を用いることにする。

　以上漢語の時期区分を再設定すると大まかに以下のような構成になる。

---

[9] 詳しくは3.5において述べる。
[10] 詳しくは4.1において述べる。

【図表1】

商周漢語	古代漢語	近世漢語
	上古漢語 中古漢語	早期白話 明清白話
B.C.12～B.C.5	B.C.5～A.D.7	A.D.7～A.D.19

1.1.3 結語

　1.1では商周漢語が古代漢語とは別の文体として見るべきこと、中古漢語の下限が唐代『遊仙窟』であることを簡単に述べた。古代漢語の文献はさまざまな種類のものがあり、どういったものを言語資料とすべきか、すべきでないのか、の問題はまだまだ検討すべきものである。今回はこの事項に対しての一つの問題提起である。

1．2　古代漢語研究における言語資料選別の基準[1]

1．2．1　言語資料選別の基準

　古代漢語においてどの資料を用いるか、というのはたいへん重要な問題である。前節 1．1 では「商周漢語」、「古代漢語」、「近世漢語」という名称を提唱し、古代漢語についてはその下位区分として「上古漢語」、「中古漢語」という名称について述べた。本節 1．2 では古代漢語においてどのような文献が言語資料となり得るか、という言語資料選別の基準について定義しておきたい。

　上古漢語の疑問代名詞全般に関しては、貝羅貝、呉福祥 2000 に詳細な記述がある。我々にとって有益な指摘も多く参考にすべきものではあるが、ただその枠組みを見てゆくと従い難い点も少なくない。例えば該論では甲骨文、金文等を上古前期漢語としているが、この点については太田 1984 序において夙に指摘されているように、それを上古中後期漢語とともに上古漢語と呼ぶことが適当かどうか疑わしいほど、前期と中後期の文法的な差異は明確であり、これに反し、中期と後期との一線はかすかであるといっていい程差異は明確ではない。本書ではこの 太田 1984 の考え方に則り、春秋戦国期以降の『論語』等を始めとする歴史・思想文献を古代漢語の資料とすることにする。

　次に考慮すべき論点として、戦国秦漢を中心とした出土資料の問題がある。出土資料について論じた論考は、文法現象という点から論じたものとしても枚挙に遑がない。こういった資料はたいへん重要な指摘を含むものも多い。

---

[1]　近世漢語については第 4 章第 1 節に後述する。

例えば『晏子春秋』内篇諫上に「此非泰山之神，是宋之先，湯與伊尹也。」という一文がある。ところが出土資料の『晏子』四では、「「是非大山之神也，是宋之先也，湯與伊尹也。」となっている。ここから出土資料の「是非…」が、伝世資料の「此非…」に書き換えられたと推測することが、十分に考えられる。

ただこの現象に関してはなお討論する余地が残されていると考える。というのは、この2種のテキストがもともと別系統のものであるという可能性もあるからである。この2種のテキストそのものの本文を見てみると、伝世資料の「此非泰山之神」(これは泰山の神ではない)に対して出土資料の「是非泰山之神」(それは泰山の神ではない)と、明らかに指示詞の用法に違いがある。私が問題にしたいのは、2種のテキストそのものの異同である。本論文では一つのテキストともう一つのテキストがどういう前後関係にあるかを考える前に、その2つのテキストの本文そのものがどう異なっているのかをまず考えたい[2]。

またその他問題とすべき事象として、後漢以降現れてくる漢訳仏典の問題がある。その点について論じたものには 魏培泉 2004 等がある。こういった論考は、思想内容はもちろんのこと文体もたいへん興味深いものではあるが、ただこういったものは該書 p.6 においても指摘されるように、文体の不自然さ等が目立つという現象が起きることを認識しておかなければならない。即ち漢訳仏典は、まずは仏典として一個の別のジャンルとして取り扱う必要があるのではないかということである。このことについては後日詳しく論じる機会を持ちたいと考えている。

その他例えば『捜神記』等の志怪小説をどう扱うか、についてであるが、こういった資料はすべて散逸してしまったテキストを後世輯佚した

---

[2] 『晏子春秋』については 駢宇騫 1985 の附録部分に詳細な分析がある。こういった出土資料の問題は、大いに検討する視点を与えるものである。なお中国出土資料にはごく基本的なものだけでも『詩經』、『論語』、『老子』、『孫子兵法』、『六韜』、『戰國縱横家書』等がある。

という経緯があり、テキストの信頼性には大きな問題がある。よってこういった観点から考えてこの種の資料はひとまず措いておくことにしたい。

　以上の前提を踏まえて本書では、古代漢語の資料を春秋戦国期『論語』以降の歴史・思想方面の十分な校訂を経た文献に限定して論じることとしたい。

第 2 章

古代漢語の指示詞

2.1 対照研究の観点から見た古代漢語指示詞研究略史

2.1.0 議論の前提

　私は古代漢語の指示人称表現を研究テーマとしているが、その中でも特に研究史を系統立てて述べる必要があると考えるのは、古代漢語の指示詞についてである。

　一般には古代漢語の指示詞研究については、古代漢語のみを述べればよいように思われがちだが、実はそうではない。古代漢語研究は、学術の系統から言えば、言語研究の、漢語研究の、古代漢語研究、ということである。即ち特にこの分野は他の研究分野との対照研究がたいへん重要である、ということである。

　私がこの分野を研究して感じることは、この分野は特に我々の母語である日本語との対照を抜きにして語れない、ということである。その理由は、1)「指示詞」の研究分野は三分指示の理論的解明が行われてきた日本語研究がもっとも有利であるということ、2) 古代漢語指示詞の理論的解明にはこの日本語との対照が、研究そのものについても必須であるということ、の二つである。

　現在中国において古代漢語は古代漢語そのものの研究にとどまっている状況にある。その意味で古代漢語の研究史をもっと対照的な視点から考えておくことはたいへん重要なことである。本節2.1の内容は次の三つの視点からなる；1］日本語指示詞研究の概要を述べる、2］現代漢語当該分野の概要を述べる、3］古代漢語当該分野の概要を述べる、の三点である。本節はその概観を簡略に述べる。

2.1.1　日本語指示詞研究

　日本語の指示詞研究の概観について言えば、2011年現在では 金水・田窪1992 がもっとも詳しい。そこには多くの著名な著作が紹介されており、当該分野の基本的な資料はそこに揃っていると言ってよいと思われる。詳述はそこに求めるとして、本稿では該書でも説明されている、もっとも基本となる三つの研究を見てみたい。

　一つ目は 佐久間1951 である。該書は、指示詞の近称・中称・遠称の区別を明確化し、それのもととなる人物を発話者、対話者、第三者に図式化し、それを指示詞と有機的に結びつけたところに特長がある。この図式によって我々は指示詞の体系を立体的に示すことができるというわけである。

　二つ目は 三上1970 である。これはもともと 三上1955 で述べた事項に沿っている。その中の「コソアド抄」では、指示詞を代名詞のはたらきと結びつけており、特に新しい考え方と思われるのが、指示を直接指示(deictic)と文脈承前(anaphoric)とに分けて述べているところである。

　日本語の指示詞研究はこの二つを基本に進められてきたといってよい。その他の研究には、高橋太郎・久野暲等のものが挙げられるが、そういった研究の集大成として 金水・田窪1990 が発表された。これが三つ目である。この論文は「談話管理理論」という枠組みに沿って知識管理の対話モデルを提出し、それをもとに日本語の指示詞を概観したもので、融合的表現と対立的表現の問題等、さまざまな事象が明示されている。またその後の 田窪・金水1996 においては、「聞き手領域」について無限遡及を避けるために聞き手に直接確認する等の措置を取る方法が論じられている。指示詞研究の理論的説明は以上において集約されていると言ってよいであろう。

　以上日本語の指示詞研究についてその大枠を述べた。日本語研究は細かく見ていけば96年以降もいくつか新しい試みがあると思われるが、基本的にはこの三つの研究を軸に考えてゆけば大過はないと私は考える。

2.1.2 現代漢語指示詞研究

　中国における指示詞研究の代表作は呂叔湘1985である。しかし該書の詳細を見てみると、その目的は古代漢語「此」、「彼」と「近代漢語」の「這」、「那」との指示体系の相違点を述べる点にある。よって古代漢語の指示体系、或いは「近代漢語」から発展した現代漢語の指示体系、の詳細を論じたものではない。

　その他 呂叔湘1990がある。この論文は現代漢語の系統とその起源を論じたもので、特に 松下1930や 小川1981を参考にしている点は評価される。ここがこの論文の特長である。しかし 呂叔湘1990以降の中国の研究者においては、日本人研究者の残したこういった業績をきちんと論じたものが無いことが惜しまれる。

　中国でのそういった状況の中で日本においては新しい研究が現れてきた。ここではその中でも二つの研究についてその概略を述べたい。

　一つ目は 讚井1988である。本論文は日本語の指示詞研究を踏まえた上で二分指示である現代漢語指示代名詞の体系を整理している。特に deictic usage と anaphoric usage との違いについては実例を挙げて詳しく言及している。この部分を特に評価することができる。

　二つ目は 木村1992である。本論文は木村論文の当該分野の論考の中でも代表的なものの一つで、豊富な用例に基づいて特に現場指示を中心に論を展開しているところに説得力がある。また広義の現場指示とも見做し得る「記憶指示」を提示した箇所は、注目に値するものである。記憶指示の理論的な説明についてはなお検討が必要ではあるが、現代漢語指示詞の有り様についてはこの論文においてほぼ述べ尽くされている、と言って差し支えない。

　以上日本語と現代漢語については、これまで述べてきた一連の論考で、その大略についてはその流れを辿ることができた。以下は本書の主要なテーマである古代漢語に視点を転じることにする。

2. 1. 3　古代漢語指示詞研究

　古代漢語指示詞について中国では、78 年以降本格的な研究が開始された。その中でも特筆すべきものは、黄盛璋 1983 である。黄盛璋は文革以前主に人称代名詞の研究を行ってきたが、83 年にこの指示詞研究によって後の研究の方向性を示すこととなったということである。

　該論は指示詞の語源から始まり、次にその通時的及び共時的差異を、実例に基づいて論じたもので、例えば『論語』では、近称において「此」の代わりに「斯」を用いるのは共時的差異に基づくものだ、といった指摘は、首肯すべきものである。

　ただ文法研究の立場として挙げている「此」と「是」との差異については問題点が多い。本論の最後の部分は「此」と「是」との区別について特に頁を割いているが、例えば該論に挙げている時点・地点・人物を指す用法等の区別は、あくまでもその運用のそれぞれ個別の典籍上の差異であって、理論的な枠組みを示したものではない。

　以降の中国における研究の方向性はこの運用上の問題に終始しており、例えば中国の当該研究のこの 30 年間の纏めともいうべき 張玉金 2006 においても、結局は中国における研究のみによって、古代漢語の指示詞の系統はやはり二分指示であるとしている。

　こういった結論に至った背景には、やはり最初にも述べたように、言語研究の、漢語研究の、古代漢語研究、といった視点が欠けているところにある。

　日本においてこの類型論的な観点から指示詞の問題に一石を投じたものが、西山 1989 である。この論考は先にも挙げた日本語研究、現代漢語の先行研究に沿って、古代漢語を場面指示（現代語の現場指示）、文脈指示に分けて論じているものであり、また古代漢語を三分指示としているところが新しい考え方である。

　西山はその後、西山 1996、西山 1997 等の論文を発表した。この一連の論

文に対しての反応はさほど多くはないが、例えば日本では 村上1999、吉池1990、国外では 宋寅聖1991、Harbsmeier 2004 等において西山論文を引用している箇所がある。

2．1．4　結語

　以上日本語および現代漢語との対照から古代漢語指示詞についての概観を述べた。この課題は同じ三分指示の言語である、朝鮮語やスペイン語等の言語との対照の論考をもとに、今後よりマクロな視点からの研究が求められるであろう。また現代漢語共通語と現代漢語諸方言との比較も、必要なテーマになると考えられる。ただその詳細は本書の範囲を超えるものである。以降の研究の発展を俟ちたいと考える。

2.2 上古漢語における指示詞の認識構造

2.2.0 緒論

2.2.0.1 指示詞の認識構造

　人間が言語という意思伝達手段を用いて事物を指示する場合、その指示詞による認識構造に多様の形態が存在することは、既に多くの文献に記述されている[1]。例えば現代漢語においては、発話者の近くに存在すると発話者自身が判断した事物に対して使用される「这」と、発話者から遠くに存在すると判断した事物に対しての「那」との、二系統により指示詞が構成されると言われている[2]。また例えば現代日本語では、発話者の近くに存在する事物に対して使用される「こ」と、対話者の近くに存在する事物に対しての「そ」と、発話者、対話者から共に離れて存在する事物に対しての「あ」との、三系統により指示詞が構成される[3]。
この事象に関しては、中国語学研究においても、王力 1945、pp.46-60 につとに言及がある。該書においては「兩分法」、「三分法」[4]という術語が用いられ、「兩分法」の例として古代漢語、現代漢語が挙げられ、「三分法」の例として、蘇州語、ベトナム語が挙げられている。

---

[1] 例えばBloomfield1933（1984）、pp.258-259 において、既にスコットランド方言やラテン語の三分認識をはじめとして、さまざまな言語の、多様な認識形態が記述されている。
[2] 例えば張志公 1953、pp.164-165 を参照。
[3] 佐久間 1951、pp.22-23 を参照。
[4] 「兩分法」、「三分法」の「法」は、日本語においては'mood'の訳語として、例えば「接続法」のように使われるため、本章ではこの言葉を「二分認識」、「三分認識」と訳した。

2.2.0.2 「古代漢語」の指示詞に関する研究

ところで、いわゆる「古代漢語」研究においてこの指示詞の認識構造は一般にどのように考えられてきたのであろうか？　まず、全体的な体系を有する文法書について概観してみることにする。

ここではとりあえず　王力 1981、 pp.351-367、周法高 1954、 pp.1-256、太田 1984、 pp.123-132、Dobson1974、 pp.87-99 を概観することにするが、これらの書においては、名称や下位区分、及び挙例の語等は若干異なるものの、指示詞の認識構造に関する記述は同一と見なしてよい。即ちこれらの書では、まず「代詞／代名詞／ substitutes」の下位区分として「指示代詞／指示代名詞／demonstratives」があり、それをさらに「近称・遠称／近指代詞・遠指代詞／ the near demonstratives・the far demonstratives」の二種に分けている。

以上を要するに、「古代漢語」においては、指示詞は近称と遠称の二系統により構成されると一般には考えられているようである。

ところが「古代漢語」の指示詞の構造をこのように二系統であると仮定した場合、いくつかの問題が生じてくる。例えば　黄盛璋 1983 を見てみると、この論考ではまず先秦漢語の指示詞を近指と遠指の二種に分け、次に共時的、通時的差異を十分考慮して詳細な記述を行っているが、論述に不十分な点がいくつか見られる。即ち論考中において「'此'、'是'の語法上の区別は、考察が非常に難しい」と前置きしたうえで、「此」及び「是」の違いを考察しているが、結論として挙げてある「"於是"等は時間を表し、"於此"等は地点や状態を表す・・・」等の四つの語法上の区別[5]は、ややもすれば曖昧或いは

---

[5]原文は以下の通り。
  (1) "於是"（用于句首）、"自是‥"表示時間。
  (2) "於此"、"至此"、"及此"等表示地点或地歩。
  (3) 表示人用"是"、用"此"是特殊情形。
  (4) "是""此"在時間詞的前頭有些区別；

不正確という印象を免れない。

このような研究状況において、「此」と「是」の区別について新しい視点を与えるものに、まず 鈴木直治 1981、1982、1983a、1983b がある。例えば1982では、「'是'は、古代漢語における近指の一種であって、'此'よりも、やや離れたものを指すのが、その指示詞としての本質的な機能であったということができる」とある。この論考では、「是」は基本的には「近指」と考えられ、三分認識という考え方こそ提出されてはいないものの、距離識を語法上の区別の一つの基準とし、至近のものを「此」で指し、やや離れたものを「是」で指し、遠く離れたものを「彼」または「夫」で指すと述べている。

次にこの考え方をさらに推し進めて、現代漢語諸方言との比較などから、「古代漢語」は三分認識ではなかったかと述べたものに、Ogawa1980 がある。この論考では、「このような三分指示詞の存在は、しかしながら、漢語の他の幾つかの方言についてのみ報告されるだけでなく、古代漢語についても推測がなされている」とあり、松下 1930、pp.99-107 が、山東方言との比較から、「古代漢語」には「近指」として使用される「此」等と「遠指」として使用される「彼」に加えて、「是」が存在すると記していることを指摘し、漢語はかつて指示詞は三分認識であったのであり、それがアルタイ諸語の影響で二分認識となった、と結論づけている[6]。

この指摘は極めて啓発的な示唆であると考えられるが、しかし 松下 1930、或いは Ogawa1980 においても、その三分認識の具体的検証は殆どなされておらず、またその構造の理論的な説明もなされていない。よってこの考え方は現在未だ広範な承認を得るには至っていないようである。

・"是"表示"当時"、"此"表説話的"今時"。
・"此"要是表"当時"、要用于"当"字、"於"字後。
・"是"加在時間詞前頭、一般都不是近指。

[6] アルタイ諸語の影響で二分認識になったかどうか、の是非は、今は措くことにする。また Ogawa1980 を承けた 馮蒸 1983、1987 は、俞敏 1949、1981 の考えをもとに、チベット語との比較から、古代漢語は近指"時"、中指"是"、遠指"夫其（彼其）"（それぞれチベット語の'di, de, phagi に対応）の三分認識であるとしているが、この考えは極めて慎重な論証を経た後でなければ、広範な承認は得難いと思われる。

以上の研究状況をふまえ、かつ論証の際には資料の均質性を十分に考慮し、理論については必ずデータに対する責任をともなうべきであるという考えに立って、本節ではまず、資料となるべきテキストを選定し、次にそのテキストをもとに具体的な調査を行い、そしてその結果に基づいて指示認識の構造についての仮説を立て、最後に具体例を挙げてその検証を行いたいと思う。

2. 2. 1　上古漢語の指示詞に関する調査

2. 2. 1. 1　テキストの選定

太田1984、p.ii に夙に言及されるように、古代漢語を記述する際には、従来よくありがちであった雑然たる資料の恣意的な引用を厳に慎み、共時的、通時的差異を十分に考慮し、一個の均質的資料を選定する必要がある。

今回は、後の文言のより規範たり得たものを一応の基準として、通時的区分を Dobson1974、p.9[7]、共時的区分を Karlgren1951[8]にそれぞれ求め、'Late Archaic Chinese'、'the 論－孟－檀 group'に設定することにする。そして実際の文献としては、『孟子』を資料とする。『孟子』選定の理由は、第一に、該

---

[7]　通時的区分を図式化すると以下のようになる。
Oracular Chinese
　　　・　・・Early Archaic Chinese
　　　・　・（c.11th-7th centuries B.C.）
Archaic　・・Middle Archaic Chinese
Chinese　・（c.7th-5th centuries B.C.）
　　　・　・・Late Archaic Chinese
　　　　　（c.4th-3rd centuries B.C.）
Han Chinese
　なお'Late Archaic Chinese'に設定した理由は、Dobson1959、p.xv に指摘されるように、この時期は後の時代において規範とみなされている文献が比較的多いと思われるからである。
[8]　共時的区分を図式化したものが以下である。
　・・the 論－孟－檀 group
　・・the 荘－墨－荀 group
　・・the 左－国 group
　'the 論－孟－檀 group'設定したのは、太田1984、p.192 に述べているように、該方言は他資料に比べて後の時代において規範性が強いと思われるからである。

書は時期設定と版本に比較的問題が少ないと思われるからであり、第二に、該書は問答体が主であるので、指示される事物と発話者、対話者との関係が明確に分かることにより、指示という事象が論じやすいからである。

2.2.1.2 指示詞に関する調査結果

前掲の文法書等で指示詞と考えられることの多い語のうち、『孟子』に見える語について調査したものが【図表2】である。9語を資料対象とし[9]、そして各語ごとに、資料総数を文法機能により「主語」、「限定語」、「目的語」の三種に分類した。

【図表2】

資料対象	資料総数	調査総数
此	103	114
是	228	256
夫	31	177
彼	30	38
其	525	585
之	788	1899
斯	14	50
茲	3	4
厥	1	8
合計	1723	3131

[此] 総数114 資料103
　非代詞及引用（通時的差異）11

主語	26
限定語	19
目的語	58

[是] 総数256 資料228
　非代詞及引用28

主語	131
限定語	39
目的語	58

[夫] 総数177 資料31
　非代詞及引用146

主語	2
限定語	29

---

[9] 「諸」、「焉」、「若」、「然」、「爾」等は合音字であると考えられるので、別に論じることとして、本稿では触れなかった。また「者」、「所」の解釈の仕方についても、同様触れなかった。

［彼］総数 38　資料 30
非代詞及引用 8

主語	19
限定語	1
目的語	10

［其］総数 585　資料 525
非代詞及引用 60

| 限定語 | 525 |

［之］総数 1899　資料 788
非代詞及引用 1111

| 限定語 | 1 |
| 目的語 | 787 |

［斯］総数 50　資料 14
非代詞及引用 36

| 限定語 | 14 |

［茲］総数 4　資料 3
非代詞及引用 1

| 限定語 | 2 |
| 目的語 | 1 |

［厥］総数 8　資料 1
非代詞及引用 7

| 限定語 | 1 |

　ここでそれぞれの語において「非代詞及び引用」とあるのは、調査総数から、まず「代詞」以外の品詞の用例を除き、そして次に『孟子』一書のなかの通時的差異、例えば『詩』、『書』などの引用からの用例を除いた、という意味である。また、書籍からの引用であるという明確な記述がない場合でも、例えば孔丘、伊尹等がその発話者である場合は、それも直接話法と考え、除外した[10]。以上を除いたものが資料総数である。

---

[10]　該書の共時的差異、例えば楚の陳良の弟子の陳相や、梁の襄王を発話者とする場合については、今回はそれらまでを厳密に除外することはしなかった。それは、『孟子』執筆者がそこまで共時的

次にその結果を文法機能によって整理したものが【図表3】である[11]。この表によって分かることは、まず「此」と「是」とは、文法機能が完全に一致するということである。「此」と「是」は、語頭子音の推定音価が破擦歯音*ts'-、歯茎硬口蓋音*z-それぞれ異なることから考えても、同一語の別表記とは考えられず、つまり別個の異なる指示機能を有していたと考えるべきである。次に分かることは、「夫」は「限定語」としてのみの機能を有し、「彼」は「主語」、「目的語」としての機能を有するということである。この「彼」と「夫」は、相補分布の関係にあると考えられる。ちなみに「彼」と「夫」の語頭子音の音価は*p-、*b-とともに両唇音である。

また「斯」は、「此」の限定語と同様の機能を有するが、「此」と「斯」との混用は、先秦文献においては『孟子』特有の現象であるので、考察の対象から外した。また、「其」と「之」は指示性はなく、代替作用のみを有する「代名詞」の一種であると考えられるので、これも考察の対象から外した[12]。

【図表3】

('+'は該当語にその機能があることを表し、'-'はないことを表す。)

	此	是	夫	彼	其	之	斯
主	+	+	-	+	-	-	-
限定	+	+	+	-	+	-	+
目的	+	+	-	+	-	+	-

差異を意識していたか疑問であるし、またそこまで除外してしまうと資料が激減してしまい、資料としての機能を果たさなくなるからでもある。
[11] 「茲」、「厥」は『孟子』において既にその用法は衰退していたと考えられるので、文法機能の考察の対象から外した。また文法機能における数値が2以下のものも、そこに含まれる資料を破格と考え、同じく対象から外した。
[12] 「此」、「斯」の混用については、黄盛璋1983、p.146 を参照。厳密に言えば、『詩経』においても混用の傾向がある。代替作用についてはDobson1974、p.87 を参照のこと。この二つの問題については、西山1992a、西山1997 を参照のこと。

【図表4】

	主	限定	目的
近	此	此	此
中	是	是	是
遠	彼	夫	彼

　よって以上を整理した結果、以下においては「此」、「是」、「彼」、「夫」の四語の指示機能について考えてゆくことにする。

2.2.2　認識構造に関する仮説及び検証

2.2.2.1　認識構造に関する仮説

　指示認識の構造に関する仮説を以下に示すことにする。論の展開からすれば、実際の用例から結論を帰納的に求めるのが順当であるが、ここでは用例の理解を容易にするために、仮説を先に立て、その後にその検証を行いたいと思う。
　ではまず、上古漢語の指示詞における指示認識の構造に関しての仮説として【図表4】、及び【図表5】を挙げる。【図表4】は文法機能に関する仮説である。「近称」では、「主語」、「限定語」、「目的語」ともに「此」を用いて指示し、「中称」では、「主語」、「限定語」、「目的語」ともに「是」を用いて指示し、「遠称」では、「主語」、「目的語」を「彼」を用いて指示し、「限定語」を「夫」を用いて指示する。
　【図表5】は指示認識の構造に関する仮説である[13]。ここでは一人称を仮に「我」で表し、二人称を「爾」で表している。また「彼」は「夫」を同時に兼ねている。また発話時前後に述べたことを承けて指す「文脈指示」を上段

---

[13] 図表4及びそれに付随する箇条書きについては佐久間1951、p.22-23、鈴木重1972、pp.193-197を参考とした。

で表し、発話の場にあるものを直接指す「場面指示」を下段で表している[14]。

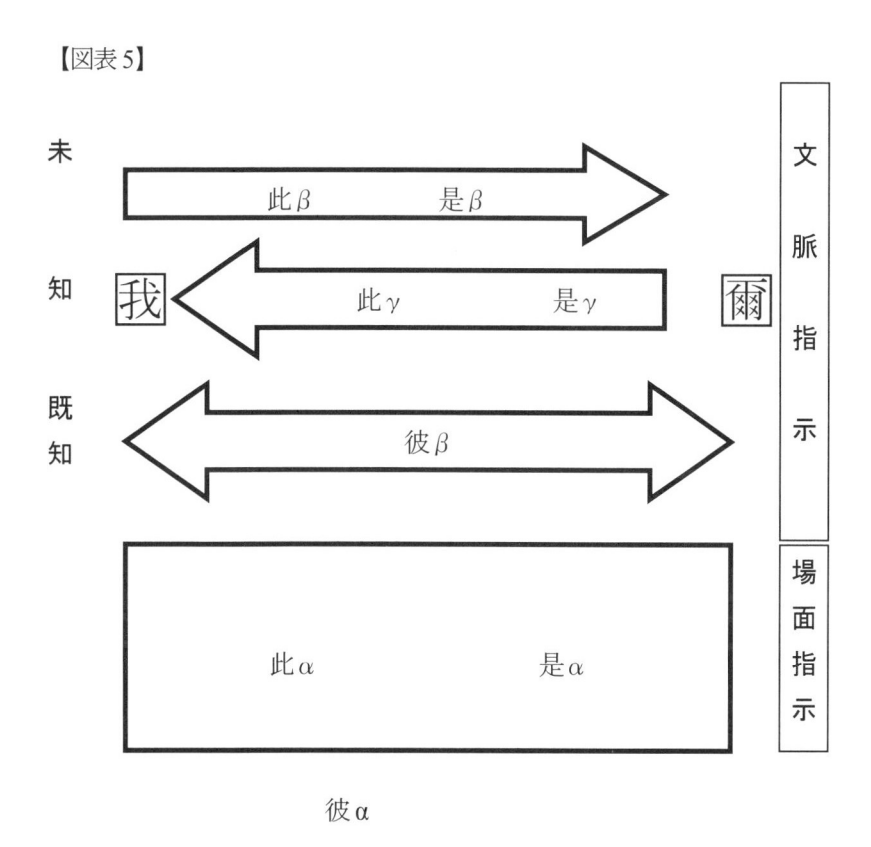

【図表5】

未知 　此β　是β →　文脈指示

我 ← 此γ　是γ 　爾

既知 ← 彼β →

此α　是α　　場面指示

彼α

また【図表5】中、それぞれの指示詞が指し示す事物がどういうものである

---

[14] ある指示詞の指示が「文脈指示」であるか、「場面指示」であるかを、必ずしも厳密に区別できない用例が幾つか存在する。よってこの区別は、あくまでも原則的な概念であることをここに付言する。なお 三上 1972, pp.170-189 等によれば、中称と遠称とが同時に認識構造のなかに存在することはないということであるが、例えば『荘子』内篇「斉物論」に「物無非彼, 物無非是。・・・故曰：彼出於是, 是亦因彼。彼是方生之説也。」とあることを考え合わせると、この問題はさほど簡単に解決のつくものではなさそうである。よって本書では「待考」ということにしておきたい。ちなみに『孟子』だけに限って言えば、後の挙例の如く、確かに「是」と「彼」が対立して現れることはない。

かを文章化したものが以下である。

此α：空間的、心理的に発話者の近くにあるもの。
此β：発話者が発話時以前に述べたこと。
此γ：対話者が発話時以前に述べたことで、発話者に身近に感じられること。

是α：空間的、心理的に対話者の近くにあるもの。
是β：発話者が発話時以前に述べたことで、対話者に既に伝わったと思われること。
是γ：対話者が発話時以前に述べたこと。

彼α：空間的、心理的に発話者、対話者両者から遠くにあるもの。
彼β：発話者、対話者両者ともに既知であると思われること。

2.2.2.2 仮説に対する具体的な検証

　前章において文章化した仮説を事例に沿って具体的に検証したものが以下である。

【此】
（1）此α：王立於沼上，顧鴻雁麋鹿曰：「賢者亦樂此乎？」（梁惠王上1-2）
（梁の惠王は自分の庭の池のほとりに立ち、雁や鹿の類いを眺めながら言った：「賢者もこうしたものを楽しむのだろうか？」）

　ここでは「樂此」とあるが、これは目の前にいる「雁や鹿の類い」を指す「場面指示」と考えられる。

（2）此β：庖有肥肉，廐有肥馬，民有飢色，野有餓莩，此率獸而食人也。（梁

惠王上1−4)

（いま王様の調理場には肥えたうまそうな肉があり、うまやには肥えた元気な馬がおりますのに、人民は飢えて顔色が青ざめ、郊外には餓死者の屍がころがっております。これは獣どもをひきつれて人を食わせているのとかわりがありません。）

　ここは発話者自身が発話時以前に述べたことを指し、なおかつ現実という身近な状況を指すのであるから、「此」を用いて指示したのである。「文脈指示」と解釈する。

（3）　此γ：・・・凶年飢歳，子之民，老贏轉於溝壑，壯者散而之四方者幾千人矣。」曰：「此非距心之所得為也。」（公孫丑下4−4）
（不作や飢饉の年には、あなたの領地の民は、例えば老人や病人などは飢え凍えてみぞに転がって死んでおり、若者では食を求めて四方に散って逃亡する者が幾千人いるかわからないぐらいにひどいではないですか。」孔距心は答えて言う：「これはわたくし距心の為し得るところのものではありません。」）

　ここでは、「此」を用いて、対話者が発話時以前に述べたことを指示するわけであるが、自身に身近な現実の状況を指し、かつ自身の管轄下のことを指すのであるから、特に「此」を用いて指示したのである。「文脈指示」と解釈する。

【是】
（4）是α：他日其母殺是鵝也與之食之。其兄自外至，曰：「是鶂鶂之肉也。」
（滕文公下6−10）
（ある日母親がそのガチョウをしめて仲子に与えて食べさせた。そこへその

兄が外から帰ってきて、言った:「それはガアガア鳥の肉だぞ。」)

　ここは、対話者が今実際に食べているガチョウを指すのであるから、「是」を用いて指示したのである。「場面指示」である[15]。

(5) 是β：仁則栄，不仁則辱。今悪辱而居不仁，<u>是</u>猶悪湿而居下也。(公孫丑上3—4)
(仁であれば必ず栄達するし、不仁であれば他から恥辱をうけるものである。だからいま恥辱をうけることをきらいながら不仁を続けるのは、それは濡れることを嫌いながらわざわざ低いところにある水溜まりにつかっているのと同じことである。)

　ここは発話者がすぐ前に述べたことを指すわけであるが、対話者に伝えた、つまりもう相手領域に属するという意識から、「是」を用いて指示したと思われる[16]。「文脈指示」と解釈する。

(6) 是γ：屋廬子不能對，明日之鄒以告孟子。孟子曰：「於，答<u>是</u>也何有？」(告子下12—1)
(屋廬子はそれに答えることができずに、翌日鄒に行って、孟子にそのことを話した。すると孟子は言った:「ああ、それに答えることなど何でもないではないか?」)

　ここは、対話者がすぐ前に述べたことを指すのであるから、「答是」と「是」

---

[15] 「是鵝」の「是」の方は、前を承けての用法、即ち「是β」に属すると考えられるので、ここでは論じない。
[16] ここは、「是」を繋詞と解釈することも可能であるが、ここで用いられている「是」は、指示性がなお強いと考え、「指示詞」と解釈した。指示詞から繋詞への変遷については、潘允中1982、pp.194-199に詳しい。また「対話者に伝えた、つまりもう相手領域に属するという意識」とは、即ち「相手領域」との共有知識が構築されたことを表す、ということである。詳細は 田窪・金水1996を参照。

を用いて指示したのである。「文脈指示」である。

【彼（夫）】
（7）彼α：牛山之木嘗美矣。以其郊於大国也，斧斤伐之。・・<u>是</u>以若彼濯濯也。（告子上 11―8）
（牛山の木も嘗てはとても美しかった。しかしそれが大都会の郊外にあったために、斧斤でこの山の木をどんどん切り倒していった。・・・そしてとうとうあのようにツルツルになってしまったのである。）

　ここは、牛山が現実に孟軻の視界の遥か遠くにそびえたっていたのか、或いは目の前には実際には見えなかったかは分からないが、とにかく孟軻、及びその対話者から遠くにある具体的に存在するものを指すのであるから、「若彼」と「彼」を用いて指示したのである。「場面指示」と解釈することにする。

（8）夫α：子之道貉道也。・・・<u>夫</u>貉五穀不生，惟黍生之。（告子下 12―10）
　　（君のやり方は、貉国などでするやり方だ。・・・あの貉国では五穀は生えず、そこにはただ黍が生えるだけだ。）

　ここは、貉国が孟軻の実際の視界のなかにはないわけであるが、遥か遠くにある具体的に存在する国を心理的に指すと考え、一応「場面指示」と解釈する[17]。

（9）彼β：夷子曰：「儒者之道：古之人『若保赤子』，此言何謂也？」
　・・孟子曰：「・・・<u>彼</u>有取爾也。」（滕文公上 5―5）
　（夷子が言う：「儒者の言うところ［『書』康誥］では、古の人は民を治める

---

[17] 「夫」には、物事を説き起こす際に用いる語気詞としての用法もあるが、ここは限定語として限定していると解釈し、指示詞と見なした。

には『母親が自分の赤子を保護するようにする』ということですが、この言葉はいったい何を意味するのでしょうか？」‥孟子は言った：「‥あの言葉は喩えるところがあってそのように言ったのである。」）

　ここは夷之が前に引用した言葉を指示するわけであるが、対話者が前に述べた言葉を指すという意識ではなく、孟軻や夷之にとってよく知られている言葉という意識で指すわけであるから、「彼」を用いて指示したと考えられる。「文脈指示」と解釈する。

(10)　夫β：王知夫苗乎？七八月之間，旱則苗槁矣，‥‥（梁惠王上1-6）
　（王様はあの苗をご存じでしょう？　七、八月の間は、日照りが続けば苗は枯れそうになりますが、‥‥）

　ここは誰もがよく知っている不特定の苗を指すのであるから、「夫」を用いて指示したと思われる。「文脈指示」と解釈する。
　以上基本的な用法を示したわけであるが、次に、それぞれの違いを明らかにさせるために、二種の指示詞を対比してその違いを述べてみたいと思う。

【此・是】
(11) 此是1. A：‥‥不知有諸？」曰：「有之。」曰：「是心足以王矣。」（梁惠王上1-7）
　（‥‥このようなことが有りましたか？」齊の宣王が言う：「確かにそんなことがあった。」孟子が言う：「王様のそのお心で王者たるに十分なのです。」）
B：‥‥夫子言之，於我心有戚戚焉。此心之所以合於王者何也？（梁惠王上1-7）
‥‥先生がおっしゃると、確かに自分の心に思い当るものがある。ところで私のこの心で王者たるに十分であるという理由はいったい何だろうか？）

このA、Bは孟軻、斉宣王による同一章の中での連続したやりとりである。A文中の「是心」は、上述のような心という解釈も可能であるが、実際に指しているのは対話者である斉宣王の心であることから、「是」を用いて指示したと思われる。一方、B文中の「此心」は、斉宣王が自身の心を指すのであるから、「此」を用いて指示したと思われる。もしここの「是」と「此」とが、誤って入れ替わってしまったとすれば、ここで説明されている「王者たるに十分な心」は、孟軻の方に近づき過ぎてしまうこととなり、斉宣王は上述の心を、自分から一旦突き放して客観的に見ているような印象を与えてしまい、本文の内容とそぐわないものとなってしまうのではないだろうか？

(12) 此是 2. A：・・・或百歩而後止，或五十歩而後止，以五十歩笑百歩，則何如？」曰：「不可。直不百歩耳，是亦走也。」曰：「王如知此，則無望民之多於鄰国也。」（梁惠王上1－3）
　（・・・或る者は百歩逃げて踏み止まり、或る者は五十歩逃げて踏み止まった時に、五十歩しか逃げなかったという理由でその者が百歩の者を笑ったとしたらどうでしょうか？」梁の惠王は言う：「それはよくない。ただ百歩逃げなかっただけで、そいつもまた逃げたのには違いがないのだから。」孟子は言う：「王様がもしこのことをお分かりでしたら、隣国よりも人民が多いことを望むわけにはいかないのです。」）
B：・・・昔者窃聞之，子夏・子游・子張皆有聖人之一体，冉牛・閔子・顔淵則具体而微。敢問所安。」曰：「姑舎是。」（公孫丑上3－2）
　（・・・以前聞いたことですが、子夏・子游・子張はいずれも聖人としてのある一面を備えており、冉牛・閔子・顔淵の方は聖人としての徳を確かに備えてはいるけれどもそれはわずかであるとのことでした。失礼ですけれども先生はこれらのうちどなたくらいにあたるかお聞きしたいのですが。」孟子は言う：「しばらくそのことは措いておくことにしよう。」）

　A、Bともに、前の言葉を指示しているわけであるが、A文中の「知此」

は、自分が持ち出した話題を承けているので、「此」を用いて指示しているのである。一方、B文中の「舎是」は、対話者が持ち出した話題を承けているので、「是」を用いて指示しているのである。

(13) 此是3. A：民之憔悴於虐政，未有甚於此時者也。(公孫丑上3—1)
(人々が虐政に憔悴していることは、いまこの時より甚だしことはない。)
B：当是時也，禹八年於外，三過其門而不入。(滕文公上5—4)
(その当時、禹は我が家を外にすること八年、三たび自分の家の門の前を通り過ぎたが、忙しくて立ち寄ることができなかった。)

A文中の「此時」は、発話者に身近な現実を指示する、という意識から、「此」を用いて指示したと思われる。一方、B文中の「是時」は、相手側に既に伝えたある「お話し」のなかの時間を指示する、という意識から、「是」を用いて指示したと思われる。

【此・彼】

(14) 此彼1.：孟子去斉，充虞路問曰：「夫子若有不豫然。前日虞聞諸夫子，曰：君子『不怨天，不尤人。』」曰：「彼一時，此一時也。」(公孫丑下4—13)
(孟子がとうとう斉を去るという時、充虞が道の途中で聞いた：「先生はなんとなく浮かない顔をしていらっしゃいますね。以前先生は、『論語』[憲問]に君子というものは『天を怨んだり人をとがめたりしないものだ。』とあるとおっしゃったではないですか。」孟子は言う：「孔子のあの時代も一つの時代であるし、いまのこの時代も一つの時代である。」)

この文では、まず発話者、対話者両者から遠く離れている時間を「彼」を用いて指示し、次にその二人がいる時間を「此」を用いて指示したと思われる。

(15) 此彼2.：徒取諸彼以與此，然且仁者不為。況於殺人以求之乎？(告子下12—8)
(ただ単にあちらからものを取り上げてこちらに与えるということ、それす

らなお仁者は恥じてしないものです。ましてや人を殺してまで領地を求めようとしてそれでどうしてよろしいでしょうか？）

　この一文は、ただ単に、甲から取り上げて乙に与える、という意味ではなく、自分に遠い他人から取り上げて自分に近い身内に与える、という意味ではないだろうか？

(16) 此彼3.：所敬在<u>此</u>，所長在<u>彼</u>，果在外非由内也。（告子上11－5）
（敬うのはこちらの兄さんの方で、年長とするのはあちらの郷人の方だとすると、義はやはり外にあって内にはないことになります。）

　ここも、敬うのはこちらの兄さんの方であり、年長とするのはあちらの郷人の方である、と兄さんをこちら側に置いているというところに注目すべきである。

2. 2. 2. 3　結語

　以上『孟子』を資料として記述を行った。本節で記述されたものは上古漢語のうちの紀元前4世紀から3世紀にかけての斉魯方言をもとに作られた書き言葉であると考えている[18]。
　これまでの論証に誤りがないとすれば、長きに亙って懸案とされてきた「此」と「是」との使い分けという問題に対して、「その使い分けは、ある特定の時期、地域においては三分認識のうちの近称と中称との違いである」という解釈によって一応の解答が提出できたと言えるのではないだろうか。
　またこの「二分認識」、「三分認識」（或いはこれらと異なった認識形態）という構造の相違は、漢語、特に先秦以前の様々な文献の系統を考えてゆく

---

[18]　今回の記述は、あくまでも上古漢語のうちの一つの例を示したに過ぎないのであって、この結果が全ての上古漢語の構造を代表し、そして全ての上古漢語に適応できるとは考えていない。

うえでの一つの手掛りとなりうると思われる。そして延いては東アジア諸語の系統を考えるうえでも、或いはその解明の一つの糸口となるかも知れない。

またここで問題となってくるのは、例えば「三分認識」であるというように認識構造は一致しても、さまざまな言語においてその語用に何らかの差異を有するということである[19]。現代漢語諸方言における認識のありかたも含めて、さまざまな言語の諸相については、これからの課題としたい。

---

[19] 上古漢語と日本語の指示詞における差異について言えば、例えば日本語でこれから言及するものを指示する場合、「以前こういうことを聞きました」と「こ」を用いるのに対し、上古漢語では、「昔者竊聞之」(『孟子』公上)と代替作用を持つ「之」を用いて指示することが挙げられる。濱田 1970, pp.183-206につとに指摘されるように、ともに三分認識であると言われている日本語と朝鮮語の指示詞についても、幾らかの差異が認められる。中国語と英語、及びフランス語においても、既に王力 1945, pp.48-49 にその差異が指摘されている。

2. 3
古代漢語「是」字における繋詞としての成立と指示詞としての変遷

2. 3. 0　先行研究の概要

　古代漢語の繋詞「是」の成立に関しては、学術界には多くの様々な意見があるが、総じて言えば、その論点は以下の幾つかに纏めることができる。

　周知のように、繋詞「是」成立時期に関しては、王力 1989、p.194－197 に以下のような2点の見解がある[1]：「一、漢語の真の繋詞の成立は，おおよそ紀元前一世紀前後、即ち前漢末年或或いは後漢初年である；二、繋詞が判断文において通常の役割を担い、繋詞が口語において上古漢語の判断文に完全に代わったのは、中古漢語時期のことである。」

　この問題に対して、多くの研究者が検討を開始した[2]。溜允中 1982、pp. 195－198 は『荀子』、『史記』及び出土資料を例に採り、王力 1989 に疑義を提出している。それに拠れば、「一、『是』がいつ指示詞から繋詞へと虚化したかについては，戦国後期から周秦期において既に成熟していると言える；二、前漢時代になると、繋詞は既に完成の段階となり、判断文でも既に繋詞を使用することとなっている。」唐鈺明 1991 もこの考え方を支持しており、「『是』を用いた判断文と用いない判断文は戦国後期において既に並行して行われているようになっている」としている。その他唐鈺明論文は戦国後期の出土文献資料を列挙し、「先秦に既に判断動詞『是』があった」という考え方を提出している。

　郭錫良 1990 は先秦に既に判断動詞「是」があったという考え方に対して疑問を提出している。郭錫良論文はまず二つの方面から先秦の言語資料の問題を指摘している：「一、『戦国策』を言語資料として研究を進めるのには大

---

[1] 王力 1989 第十二章の「繋詞的成立とその発展」は 王力 1958 第四十一節を改編したものである。もともとは 王力 1937 である。
[2] 郭錫良 1990 ではこの三十年の研究状況を詳細に紹介している。

いに問題がある；二、先秦の古籍には後代の文法成分が混入することは避けられないので、よって『墨子』、『韓非子』、『史記』の中のごくわずかの資料に依拠するのは難しい」。その他、出土文献資料中の繋詞「是」に対しては、王力1989の考え方を紹介し、「『是是』と連用するのは個別の出土資料にしか現れず、形式も極めて特殊であるので、よって態度を保留することにしておきたい」とする[3]。

その他、馮春田1992は後漢王充『論衡』における「是」の用例の状況を詳細に考察しており、「『論衡』には後の繋詞に類似する例があるが、それは完全に繋詞へと向かうにあたっての過渡的な状態、即ち未だ完成していない状態にある」と指摘している。

また孫錫信1992では「後漢以降、繋詞『是』の運用はさらによく見られるものになったが、しかしそれは未だ優勢な状況ではなく、上古時期のその他の用法も未だ衰退していない」と指摘する。この「上古時期のその他の用法も未だ衰退していない」という分析は、極めて重要である。また孫錫信1989においても啓発的な意見を述べており、「繋詞『是』は代名詞『是』を来源とするという考え方が学者間では一般的なようである。・・・即ち繋詞『是』は代名詞『是』が虚化されてきたものだとする。しかしこの考え方は以下の現象を解明し難い、即ち上古の指示詞において『是』の用法と類似するものにはさらに『此』字がある。なぜ『是』は繋詞となり、『此』は繋詞とならなかったのであろうか？」という。

両漢時期の資料はまさに過渡期にあるのである。もし明確な分析方法が無ければ、古代漢語の繋詞「是」の成立という重要な問題を解決することは難しい。私は分析の重点は「此」と「是」の用法の差異にあると考える。本節

---

[3] これらの考え方の中で、私は王力、郭錫良両氏の考え方に同調する。一般に出土資料は当時の口語の用法を反映していると考えられているようであるが、私は出土資料の中の医学、法律、天文学等の実用文献にはそれぞれ特殊な用法があると考える。それはまさに現代の法律文献に特殊な用法があるのと同じで、法廷で事件を審議する際、法律の条文そのものの解釈がもっとも鍵になることを想起されたい。よって、私は出土資料の実用文献を一種の特殊な文体と考え、歴史、思想、文学等の諸文献の文法現象と同様には扱わない。

ではそこで上古漢語と中古漢語の典型的な資料を比較することによって、上古漢語の指示詞の体系と中古漢語の指示詞の体系の共通点と相違点を明確にしたいと考える。

2. 3. 1　上古漢語の指示詞の体系と日本語、朝鮮語との対照

　郭錫良 1989 では『孟子』で用いられた全ての「此」と「是」を考察し、その用法上の差異について2点を指摘した；「一、およそ具体的な形があり、指すことのできる事物に対しては、「此」のみが用いられ、「是」が用いられることはない；二、「是」は抽象的で目の前にない事物にしか用いられない。」私はこの考え方に賛成するが，しかしそこには未だ更なる解釈を進めてゆく余地が残されていると思われる。

　王力 1944-45（1984,p.294）は次のように言っている：「　二分法と三分法——或る言語においては，指示代名詞は近指と遠指の二種に分かれるが、別の言語においては、近指と遠指の他に、さらに第三種の指示代名詞がある、それは遠くでもなく近くでもなく、或る一定の人物のみを指すのである。」

　それに対して、西山 1989 は、上古漢語の指示詞の体系は三分指示である、という考え方を提出した。

　一般的に言語の指示詞の体系は、指示の観点で見ると二分指示と三分指示に分けられる。そのうち三分指示の言語には、スペイン語、日本語、韓国語等、そして漢語方言の蘇州方言、山東方言等がある。

　西山 1989 は『孟子』中の 103 例の「此」、228 例の「是」、30 例の「彼」と 31 例の「夫」、の用法の分析から、上古漢語の指示詞には近称の「此」、中称の「是」、遠称の「彼」と「夫」、の三種の用法があることを示した。以下の如くである。

【図表6】『孟子』の指示詞

「此」……103例	「是」……228例	「彼」……30例	「夫」……31例
主語 26例	主語 131例	主語 19例	主語 2例
限定語 19例	限定語 39例	限定語 1例	限定語 29例
目的語 58例	目的語 58例	目的語 10例	

【図表7】上古漢語の指示詞

近称……此
中称……是
遠称……彼／夫

　ここで説明を要することは、近称、中称、遠称という三種の指示詞の用法上の差異である。近称指示詞「此」が指すものは「発話者から比較的近くの事物」である；中称「是」が指すものは「対話者から比較的近くの事物」である；遠称「彼」と「夫」が指すものは「発話者、対話者双方から比較的遠くの事物」である[4]。

　上古漢語の指示詞の体系が三分指示であることを証明するために、ここで私は『孟子』原文の指示詞と日本語、朝鮮語[5]の訳文における指示詞の対応状況について、特に近称「此」と中称「是」に焦点を当てて分析を行う。以下は原文と日本語訳、朝鮮語訳である[6]。

＜主語＞

---

[4] 詳細については第2章第2節を参照。
[5] 一般には「韓国語」、「ハングル」等とも称されるが、ここでは「朝鮮語」の呼称を用いる。
[6] 日本語訳、朝鮮語訳は本書「参考文献目録」（p.196）を参照。

（1）此率獸而食人也。（梁惠王上1－4、p.62）
（日本語訳）これでは、獣どもをひきつれて人間を食わせているようなものです。（上p.264）
（朝鮮語訳）이는 짐승을 몰아다가 백성들을 뜯어먹게 한 것 과 조금도 다를 바가 없는 것입니다. (p.58)

（2）是鶃鶃之肉也。（滕文公下 6－10、p.469）
（日本語訳）それはあのガアガア鳥の肉だぞ。（上p.264）
（朝鮮語訳）그 것은 꽥꽥거리는 거위의 고기다. (p195)

<限定語>

（3）此心之所以合於王者，何也？（梁惠王上1－7、p.84）
（日本語訳）この心があれば十分王者になれるというのは、なぜだろう。（上p.55）
（朝鮮語訳）이러한 마음이 王노릇을 하는 데 합당한 까닭은 무엇입니까? (p.66)

（4）是心足以王矣。（梁惠王上1－7、p.82）
（日本語訳）そのお心こそ、天下の王者となるのに十分なのです。（上p.53）
（朝鮮語訳）그러 한 마음이면 넉넉히 王노릇을 하실 수 있 나이다. (p.63)

<目的語>

（5）賢者亦樂此乎？（梁惠王上1－2、p.44）
（日本語訳）賢者もこうしたものを見て楽しむのだろうか。（上p.37）
（朝鮮語訳）어진 사람도 역시 이런 것들을 즐기나이 까? (p.51)

（6）答是也何有？（告子下12−1、p.806）
（日本語訳）それに答えるぐらいは、なんでもないことだ。（下p.272）
（朝鮮語訳）그것을 대답하는 데 무엇이 어려울 게 있으랴？（p.313）

　まず「（1）此率獸而食人也。」では、近称「此」が指しているものは発話者孟軻の目の前の状況である。よって「此」の字を用いたのである。日本語訳の「これでは」、朝鮮語訳の「이는」は、ともに近称である。
　次に「（2）是鶂鶂之肉也。」では、中称「是」が指しているものは対話者陳仲子が今まさに食べているものであるので、「是」の字を用いたのである。日本語の「それは」、朝鮮語の「그것은」は、ともに中称である。
　3例目の「（3）此心之所以合於王者，何也？」で近称「此心」が指しているものは発話者斉宣王の心であるので、「此」の字を用いたのである。日本語の「この心」、朝鮮語の「이러한 마음」は、ともに近称である。
　4例目の「（4）是心足以王矣。」で中称「是心」が指しているものは、今度は対話者である斉宣王の心であるので、「是」の字を用いたのである。日本語の「そのお心」、朝鮮語の「그러한 마음」は、ともに中称である。
　5例目の「（5）賢者亦樂此乎？」で近称「此」が指しているものは、発話者梁惠王の眼前に広がる風景であるので、よって「此」の字を用いたのである。日本語の「こうしたもの」、朝鮮語の「이런 것들」は、ともに近称である。
　最後の「（6）答是也何有？」において中称「是」が指しているものは、対話者屋廬子が提出した問題であるので、「是」の字を用いたのである。日本語の「それに」、朝鮮語の「그것을」は、ともに中称である。
　以上の分析によって、上古漢語の近称「此」と日本語の「こ」、朝鮮語の「이」がほぼ一致し、上古漢語の中称「是」と日本語の「そ」、朝鮮語の「그」がほぼ一致するということが説明できたと私は考える。もちろん日本語と朝鮮語の翻訳者はこういった対応規則を意識して訳しているわけではなく、よって原文の大意に沿って翻訳した部分も多々あるので、決して全ての用例が

この対応規則に符合しているわけではない。しかし大部分の用例がこのように対応しているという事実は、決して偶然ではない。

2.3.2 中古漢語の指示詞の体系

次に中古漢語の文献である『世説新語』の指示詞の使用状況について見ることにしよう。

『世説新語』については 張振徳等1995の『世説新語語言研究』という先行研究が有る。該書ではpp.201-205,321,407-420において『世説新語』中の「此」300例と「是」76例を以下のように挙げている。

【図表8】世説新語指示詞

「此」……300例	「是」……76例
主語 57例	主語 1例
限定語 155例	限定語 2例
目的語 88例	目的語 73例

該書の用例と前項までに述べた『孟子』の用法を比較してみると、両者の「此」の用法は殆ど同じであるのに対して、「是」の用法については、両者にはかなりの差異が見られることがわかる。

『世説新語』において、「是」が主語である例文は1例だけで、人物を指している。限定語の例も2例だけで、全て「是故」、「是時」といった決まりきった表現だけである。目的語の例は73例あるが、これらも「於是」、「是以」といった決まりきった表現だけである。よって『世説新語』の「是」の指示詞の用法は既に衰退し、決まりきった表現にのみ残っていると考えてよい。

それに反して、『世説新語』の判断文を見てみると、文法標識の無いものと有るものに分かれる。文法標識の無いものが178例に対して、文法標識「是」があるものは171例であり、この判断文2種の総数はほぼ同じである。よって「是」用いた判断文と「是」を用いない判断文は中古漢語においては双方とも行われていたことがわかるのである。

また中古漢語の明らかな特徴としては、「是」の前に副詞の修飾成分が有ることである。張振徳等1995の分析に拠れば、『世説新語』には「便是」、「定是」、「居然是」等、副詞の修飾成分が前置された形式が見られる。以前或る研究者が、『孟子』に「鈞是」という例が有ることを揚げ、「先秦において既に繋詞があった」ということを主張した。これに対して郭錫良1990が以下のように反駁した；この例は副詞に指示詞限定語が加わった「名詞性構造」に過ぎず、『左傳』の必此人也と同じである、と。私もこの考え方に同意する、即ち上古漢語にはこういった副詞の修飾成分が前置された「是」の例文は無かったということである。

2.3.3 結語

本節の結論は以下に纏められる；一、上古漢語の指示詞は三分指示であり、近称の「此」の他に、中称の「是」があった。二、上古漢語には明らかに指示詞「是」の用法があったが、それが中古漢語になるとこの指示詞の用法はだんだんと衰退していった。三、中古漢語の繋詞の明らかな特徴は、「是」に副詞の修飾成分が前置された形式が有るということであり、上古漢語にはそういった用法は無いということである。

最後になぜ指示詞「是」は繋詞となり、「此」は繋詞とならなかったか、ということについて述べたい。指示詞が繋詞となった理由は、やはりこの三分指示と関連が有るのである。三分指示の指示詞において上文を受ける文脈指示の場合、その指示詞は一般に中称であり、近称や遠称の場合はある意図を有した一種の有標（marked）な表現である。よってもっとも一般的である

中称の「是」が虚化され繋詞「是」となったのである。「此」が虚化されなかった理由は「此」が近称であったところにあるのである。

2.4 『孟子』近称指示詞の限定語としての語用の特殊性

2.4.0 問題の所在

2.2 においては、『孟子』を調査資料として、上古漢語における指示詞の認識について調査した[1]。

ところでここで問題となってくるのは、『孟子』にはこれら以外に、近称限定語に用いられる場合、「此」の他に「斯」という語が重複して存在することである。この「此」と「斯」の「混用」という問題については2.2 においては詳しくは論じなかった。ここではその問題について考察することにしたい。

2.4.1 先行研究の概観

この「此」と、「斯」という語の関係については、かつて幾人かの研究者によって言及されたことがある。

まず、この「此」と「斯」との関係を最初に論じたものとして、明末清初の考証学者顧炎武の『日知録』(1985年本, pp.481－482) を挙げる。以下のように述べる。

> 『論語』之言「斯」者七十，而不言「此」。「檀弓」之言「斯」者五十有三，而言「此」者一而已。「大學」成於曾氏之門，而一卷中言「此」者十一有九。
> (『論語』においては「斯」を用いた箇所は七十であるが、「此」を用いることはない。『礼記』檀弓においては「斯」を用いた箇所は五十三で

---
[1] 詳細は第2章第2節図表2を参照。

あるが、「此」を用いたものは一例にすぎない。「大学」は曾子の門人により成るものであるが、一巻中「此」を用いた箇所は十九である。)

　ここでは、『論語』、『礼記』檀弓においては、一般に用いられる「此」ではなく、「斯」を用いていることを指摘しているが、しかし顧炎武はこのあと、これらの語用の違いは時代差からくるものであろう、と簡単にコメントしているだけで、これ以上の詳しい考察はなされていない。
　「此」と「斯」との関係を本格的に論じたものは Karlgren1951 である。次のように述べている。

　　The pronoun '斯' (this), e. 9. 『論語』雍也：「斯人出有斯疾也。」(that this man should have this sickness), is very important in certain early text. We find it very common, mark 2, in『論語』、『孟子』、「檀弓」, but altogether lacking or nearly so in all the rest : mark O in『左傳』、『國語』、『荘子』(one ex.〉、『墨子』、『呂氏春秋』、『荀子』(two ex.)、『韓非子』(one ex.)、『戰國策』、『春秋繁露』、『准南子』(one ex.).
(代名詞「斯」、例えば『論語』雍也：「斯人也而有斯疾也。」［このような人にしてこのような病気に蝕まれようとは。］は、ある初期の文献においては非常に重要である。『論語』、『孟子』、『礼記』檀弓においては極めて一般的であり、頻度数 2 である。しかし、概して、他のすべての文献においては、全く無いか、殆ど無い。以下の文献では頻度数 0 である：『左傳』、『国語』、『荘子』［例外 1 例］、『墨子』、『呂氏春秋』、『荀子』［例外 2 例］、『韓非子』［例外 1 例］、『戰國策』、『春秋繁露』、『准南子』［例外 1 例］[2].)

　このように Karlgren1951 では、より系統的に「此」と「斯」の語用を論じ、そして別の箇所では、『論語』、『孟子』、『礼記』檀弓において「斯」を用い

---

[2] 引用文中の 'mark 2' は使用頻度が高い文献、'mark 0' は使用頻度が低いか殆ど無い文献を表す。

るのは魯方言の特徴である、とも述べている。

しかし Karlgren1951 は、『孟子』においては一般的には「此」の方が用いられ、「斯」の方は限定語としてしか用いられない、という点については論じていない。

『孟子』においては、「斯」には所有格しかなく、つまり限定語としてしか用いられない、ということについて論及したものには、太田 1984 が挙げられる。以下の如くである。

「斯」は孟子では形修[3]としてのみ用いる。ほとんど意味のないものがある反面、厳粛な語気をもつこともあり、おそらく擬古的用法か。

ここの「厳粛な語気をもつこともあり、おそらく擬古的用法か。」という部分は、特に啓発性に富んだ示唆である、と思われる。

しかしこの分析は以上のように簡便に述べられているに過ぎず、詳しい考察にまでは至っていない。

以上のような研究状況において、現在もっとも包括的、系統的な研究と考えられるのが、黄盛璋 1983 である。

該論では、先秦文献の共時的差異、すなわち地域的隔たりから来る差異、そして通時的差異、すなわち歴史的変化から来る差異、これらを充分に考慮したうえで、詳細な考察が行われ、かつ用例の具体的な数値も挙げている。

まずその「先秦主要書籍指示詞一覧表」に基づき、春秋戦国期散文文献のみの指示詞「此」と「斯」の用例数を以下に挙げる[4]。

---

[3] ここでの「形修」は「形容修飾語」の意。
[4] 「斯」を「則」の意で用いた場合については、この表には示していない。該論の主旨から考えて示さないのは当然といえる。

【図表9】春秋戦国期散文文献指示詞「此」、「斯」用例数

	論語	国語	左傳	公羊	穀梁	墨子	礼記檀弓	孟子	荘子内篇	荀子
此	0	76	207	163	97	560	1	112	43	264
斯	30	0	0	0	2	0	29	22	0	0

この図表から分かることは、さきほどの Karlgren の指摘の如く、『論語』、『礼記』檀弓においては「斯」が用いられ、『国語』、『左傳』などの文献においては「此」が用いられる。この意味において、「此」と「斯」とは、春秋戦国期の散文文献において、「相補分布」を成しているということができる。

ところが『孟子』だけはその例外で、「此」、「斯」双方が用いられる。この事象は極めて異例であると言わざるを得ない。

この図表に関して黄盛璋氏は次のように述べる。

『論語』用「斯」代替「此」，当為方言関係。「斯」不妨看成魯方言中的一個近指指示詞。『檀弓』傳為魯人之作，其書「斯」多至29次，「此」字只見1次。・・・孟子鄒人，鄒、魯地境相鄰，其書有112次用「此」，「斯」用指示詞22次。・・・『孟子』中一共17個「斯」[5]，全用做修飾語。(『論語』において、「斯」を「此」の代わりに用いるのは、方言的な関係と考えるべきである。「斯」は魯方言の近称指示詞であるとみなして差し支えない。『礼記』檀弓は魯人の作と伝えられるが、その書において「斯」を用いることは29回もの多きに至るが、「此」の字は1回しか見えない。・・・孟子は鄒人であり、鄒と魯とは境界が隣り合わせであるが、その書において「此」を用いること112回であり、「斯」を指示詞に用いたものは22回である。・・・『孟子』

---

[5] 「17個『斯』」は「22個『斯』」の誤り。

中全部で22の「斯」があるが、すべて修飾語として用いられている。)

　該論では、『孟子』においては「此」、「斯」双方を用いることが指摘されている。また、「斯」には限定語としてか用いられない、ということも指摘されている。
　しかし何故「此」、「斯」という重複があるのか、「此」と「斯」の用いられかたにどのような違いがあるのか、などについては指摘がない。
　以上を要するに、『孟子』は春秋戦国期の散文文献としては、例外的に「此」、「斯」双方が混用され、「斯」は限定語としてのみ用いられるということが分析されている。しかし『孟子』における「斯」の用いられ方が「斯」のみを用いる文献『論語』、『礼記』檀弓とどう違うのか、「此」、「斯」という二つの指示詞の用いられかたに違いはないのか、については詳しい分析はなされていない。

2.4.2　『論語』、『孟子』と『礼記』檀弓における「斯」の用法

　そこでまず「斯」という指示詞を用いる文献のうち『論語』、『礼記』檀弓における近称指示詞の用法について以下に述べる。まず『論語』の用法は以下の如くである。

【図表10】『論語』の調査結果

資料対象	資料総数	調査総数
斯	36	69
茲	1	1
合計	37	7

［斯］総数69　資料36	［茲］総数1　資料1
非指示詞 33	非指示詞 0
主語 8	主語 1
限定語　14	
目的語　14	

この【図表10】に明らかなように、『論語』には「此」は用いられていない。「茲」については1例存在するが、これは何らかの引用の痕跡であると思われるので統計には含めない。「斯」については主語、限定語、目的語ともに用いられる。用例は以下の如くである。

(1) 主語　因民之所利而利之，<u>斯</u>不亦「惠而不費」乎。（堯曰2）
（民が利益としていることからそのまま利益を得させること、これこそが「恵んでも費やさない」ということではなかろうか。）

(2) 限定語　命矣夫，<u>斯</u>人也而有斯疾也。（雍也10）
（運命なのであろうか、このようなひとがこのような病気に蝕まれようとは。）

(3) 目的語　子告之曰：「某在<u>斯</u>，某在斯。」（衛靈公42）

(先生は教えられた：「だれそれはここにおりまして、だれそれはここにおります。」と。)

次に『礼記』檀弓の用法は以下の如くである。

【図表11】『礼記』檀弓の調査結果

資料対象	資料総数	調査総数
斯	34	50
此	1	1

［斯］総数50	［此］総数1
資料34	資料1
非指示詞16	非指示詞0
主語　3	目的語　1
限定語 11	
目的語 20	

　この資料では「茲」は用いられず、また「此」は1例存在するが、これも他のテキストからの混入だと思われる。
よって『礼記』檀弓も『論語』と同じく「斯」が主語、限定語、目的語ともに用いられることが分かる。実際の用例を以下に見る。

(4) 主語　斯季孫之賜也。（上篇）
(これは季孫からの贈り物だ。)

(5) 限定語　斯道也將亡矣。（下篇）
(このような作法はいまにも滅びようとしています。)

(6) 目的語　曠，飲斯。（下篇）
(曠よ、これを飲め。)

このように、『論語』、『礼記』檀弓は同じく、主語、限定語、目的語ともに「斯」が用いられることが分かる。ここで、『論語』、『孟子』、『礼記』檀弓の指示詞近称の用法を比較してみることにする。

【図表12】『論語』、『孟子』、『礼記』檀弓の用例数

『論語』			
	茲	斯	此
主語	0	8	0
限定語	0	14	0
目的語	1	14	0

『孟子』（【図表2】より抽出）			
	茲	斯	此
主語	0	0	26
限定語	2	14	19
目的語	1	0	58

『礼記』檀弓			
	茲	斯	此
主語	0	3	0
限定語	0	11	0
目的語	0	20	1

【図表13】『論語』、『孟子』、『礼記』檀弓における「此」、「斯」の文法機能

論語		
	此	斯
主語	−	＋
限定語	−	＋
目的語	−	＋

孟子		
	此	斯
主語	＋	−
限定語	＋	＋
目的語	＋	−

『礼記』檀弓		
	此	斯
主語	−	＋
限定語	−	＋
目的語	−	＋

　【図表12】はそれぞれの語の実際の数値を出したものである。そしてその文法機能をまとめたものが【図表13】である。特に【図表13】に明らかなように、指示詞近称は、『論語』、『礼記』檀弓では「斯」を用い、『孟子』では「此」を用いるのが一般的である。そして、『孟子』において「斯」を用いるのは限定語の時のみであるということが分かる。このように見てくると、『孟子』の指示詞「斯」という語は、『論語』、『礼記』檀弓とはかなり異なった用いられ方をするということが分かるのである。
　ここで、指示詞「此」と「斯」の用法の変遷のおおまかな流れを以下に示す。

・西周期：「此」と「斯」は共に存在していた。（例えば『詩經』）
・春秋戦国期：「此」と「斯」は相補分布の関係にあって、『論語』、『礼記』檀弓では「斯」を用い、『左傳』、墨子』等では「此」を用いる。ただ『孟子』

のみ限定語として用いられた時に限って「此」、「斯」を混用。
・漢代以降：「此」が大勢を占めるようになるが、「斯」も「此」の同義語として同一文献に於いて混用されるようになる。（例えば揚雄『法言』）

2.4.3　『孟子』における「斯」、「此」の所有格の挙例及びその分析

それではここで『孟子』における「斯」、「此」の限定語としての用例を列挙してそれらに分析を加えてゆくことにする。

それではまず「斯」の用例を見ておく。用例は全てで14例である。ここではこれらをA、B、Cの3つのグループに分け、それぞれその代表例を挙げることにする。

A・・・対話者に帰属するものを被限定語とする。
（7）（8）鑿斯池也、築斯城也，與民守之，效死而弗去，則是可為也。（梁惠王下2-13）
（滕の城市を巡らすこのお堀を深く掘り下げ、この城壁を高く築き上げ、民々とともに城市を守った時に、命を落とすようなこととなっても民々が城市を去ることがなければ、よろしいのです。）

（7）（8）の対話者は全てそれぞれの国の王である。それらの国に属するもの、すなわち尊敬の意を示すべきものが被限定語となっている。

B・・・・『詩經』、或いは西周期にまつわる言葉を被限定語とする。
（9）『詩』云：「娶妻如之何，必告父母。」。信斯言也，宜莫如舜。（萬章上9-2）
（萬章⇒孟軻；『詩經』［斉風、南山］に、「妻をめとるにはどうすればよいか、それはまず両親に告げることである。」とあります。もしこの言葉を正しいとするならば、舜のようにしてはならないということになります。）

ここでは『詩經』や西周期にまつわる言葉、つまり威厳ある言葉を指す場合に「斯」が用いられる。

C・・・・天の道理、孝悌、世界など、尊厳あるものを被限定語とする。
（10）智之實，知斯二者弗去是也。（離婁上 7—27）
（智の本質とは、［孝、悌という］この二者をよく知りその道から離れてしまわぬことである。）

天の道理など、話し手にとって尊厳あるものに対して「斯」が用いられる。
以上を纏めると、「斯」によって限定された場合、その被限定語には例外なく尊敬、尊厳の意味が附与されるようである。
一方それに反して「此」の用例は 19 例あるが、それらには尊敬、尊厳の意味が附与されるようなことはなく、時には「此」によって限定された場合、その被限定語に非難、軽蔑の意味が附与される場合もある。2 例を挙げる。

（11）夫何使我至於此極也。（梁惠王下 2—1）
（いったいどうして我々は今のこのような苦しみに陥らなければならないのだろう。）

（12）征商自此賎丈夫始矣。（公孫丑下 4—10）
（あきないに税をかけるのは、このいやしい男から始まったのである。）

この 2 例の発話者はともにその被修飾語（「極」、「賎丈夫」）に対して非難、軽蔑の語気を持つようである[6]。

---

[6] 何故「此」には、しばしば非難、軽蔑の語気が生まれるのか。これに関しては鈴木直治 1981 に、「『此』は、人を直指するのに用いることは少ない。これは、『此』は、至近のものを指すものであって、したがって、その指示のしかたは、『是』に較べて、直接的であって、きびしく強く、それで、一般の成人などを指すのには、通常、用いられなかったことによるものであろう。」との指摘がある。

以上のことを踏まえて『孟子』を読んでゆくと、「斯」か、または「此」という、微妙な言葉の使い分けによって、話し手の言外の語気が現れていることがある。ここでその一端を見ることにする。

(13) 如以辞而已矣，「雲漢」之『詩』曰：「周餘黎民，靡有孑遺。」，信斯言也，是周無遺民也。(萬章上9−4)
（もし言葉だけから解釈するとするならば、『詩經』［大雅］雲漢に「周の地に生き残った人々といえば、一人として生き残ることはなかった。」とあるが、もしこの言葉をそのまま信じてしまうと、周の人々はその時死に絶えてしまって、今は一人もいないはずである。）

(14) 墨者夷之，因徐辟而求見孟子。・・・夷子曰：「儒者之道，古之人『若保赤子』，此言何謂也。」(滕文公上5−5)
（墨者の夷之が、徐辟を通じて孟子に逢うことを求めた。・・・夷子は言った：「儒者の言葉［『書經』周書、康誥］に、いにしえの人が民を治めるには『赤子を慈しむようにする』とありますが、この言葉はいったいどういう意味なのでしょうか。）

　例13が「斯言」なのに対して、例14では「此言」となっている。例14の発話者がもし孟軻であれば、ここも「斯言」となるべきである。というのは『書經』は孟軻にとっては尊敬すべき典籍だからである。
　しかし例14で発話者の夷之が「此言」と発話しているのは、孟軻の論敵である墨家の立場にあるからである。墨家の方でも、儒家をしばしば非難している。よって儒者の言葉に対して非難、軽蔑の語気が現れるのは極めて自然であり、よって「此」という言葉遣いになったというわけである。このように発話者の語気が、これらの語の使い分けによって分かるというわけである。
　これまでの論証で、「此」と「斯」がどのような意味合いで使い分けられ

ていたかということを述べてきた。以下この「斯」の特殊な用法が生じた理由について推測する。

「斯」を近称指示詞として用いるのは、おそらくもともとは斉・魯方言の一つの特徴であった。しかし戦国期の孟軻及びその対話者にとって、指示詞近称には他の地域と同じように「此」を用いる方が一般的になり、「斯」はその当時既に衰退しつつあり、その残存が限定語にのみ現れたのではないか。それは漢代以降、「此」が大勢を占めることからも類推できる。つまり孟軻達にとって、「斯」を指示詞に用いることは、古風でみやびな言葉遣いに感じられたわけである。「斯」という語に尊敬、尊厳の語気が生じるのも、その語用が古風でみやびな言葉遣いであったことに起因するからではないかと推測する。現代日本語においても、一般的に用いられる指示詞「あの」に対して、文語調の言葉である「かの」を遣いますと、そこに厳粛な雰囲気が醸し出されるが、このことと類似する。

2.4.4 結語

『孟子』の指示詞近称には、一般的には「此」が用いられる。ところが限定語においては、「斯」が用いられることもある。これは『論語』、『礼記』檀弓が指示詞近称に専ら「斯」を用いるのとは異なる。

『孟子』における指示詞「斯」と「此」との違いは何か。・・・・「斯」が用いられた場合には、その被限定語に例外なく尊敬、尊厳の意味が附与される。それに対して「此」が用いられた場合には、そのような現象は起こらない。「此」には却ってその被限定語に非難、軽蔑の意味が附与されるような場合もある。

では如何にしてこのような語用が生成したのか。・・・・「斯」を指示詞近称に用いるのは、もともと斉・魯方言をもとにした書き言葉の一つの特徴であった。しかし戦国期の孟軻及びその対話者にとっては、「此」を用いる方が一般的となっていたのである。「斯」という語を指示詞として用いるのは、

その当時の斉・魯方言の中では、衰退しつつあった古風でみやびな言葉遣いであると感じられたであろう。それは漢代以降「此」が大勢を占めることからも類推できる。

　このように考えてくると、以下の如く結論づけることが可能である。「斯」という語を用いることによって尊敬、尊厳の語気が生じるのは、その用法が古風でみやびな言葉遣いであったからである。戦国期の斉・魯方言において、その発話者が「斯」の用法を古風でみやびな言葉遣いであると感じることができたのは、その当時「斯」の用法が衰退しつつあったという特殊な環境があったからである。よって『孟子』においてこのような特殊な用法が生じたのである。

2.5 古代漢語における場所を表す疑問代名詞の歴史的変遷[1)]

2.5.0 議論の前提

　古代漢語の代名詞には、疑問を表す疑問代名詞というものがある。それは人、事物、場所等に分けられるが、今回はその中でも、場所を表すものとしてはどのようなものがあるのかを考えてみようというのが、本節の目的である。

　場所を表す疑問代名詞は「何」であり、それが前置するのが一般的であると考えられている。例えば前漢司馬遷撰『史記』には以下のような用例がある。

（1）　大宛聞漢之饒財，欲通不得，見騫，喜，問曰：「若欲何之？」(『史記』巻123「大宛列傳」p.3158)
　（大宛は漢が物産豊富であると聞き、交わりを結ぼうとしてこれまで叶わなかったが、張騫を見ると喜んで聞いた：「お前はどこに行きたいのか？」)

　ただこの「何」という語彙自体は、例えば事物等を表す場合にも用いられ、場所を表す専用の形式ではなかったようである。そのことについては詳しくは後述することにする。

　本節では、古代漢語の資料を春秋戦国期『論語』以降の歴史・思想方面の十分な校訂を経た文献に限定して、以下のことを論じる。即ち (1) 上古漢語としてどういった文献が疑問代名詞に関する一般的な資料として用いら

[1)] 本節は一般向けに書かれた西山2002aをもとに研究論文として考察を行ったものの一部である。なお「疑問代名詞」は厳密に表記すれば「疑問指示代名詞」である。

れるのか、(2) 中古漢語としてはどのような資料によってどのような形式へと変化することとなったか、という2点である。今回はひとまずそのおおまかな枠組みについて概観してみることにしたい。

2.5.1　春秋戦国期の資料について

　本項では古代漢語のうち上古漢語の資料として、まず春秋戦国期の文献について例を挙げてみることにする。

　春秋戦国期の文献については『論語』を始めとしてさまざまなものがあるが、今回場所を表す疑問代名詞ということに関して文献を見てゆくと、どういったものを言語資料とすべきなのかが見えてくる。

　資料としては『論語』及び『孟子』、『荀子』及び『韓非子』、『春秋左氏傳』及び『國語』等がある[2]。そのうち例えば『論語』を見てみると、該書では「焉」「奚」「惡」といった語彙が場所を表す疑問代名詞になる。例えば「焉」字については、全90例中、場所を表す疑問代名詞は6例である。そのうち2例を挙げれば以下の通りである。

（1）　視其所以，觀其所由，察其所安。人<u>焉</u>廋哉？（『論語』巻2「爲政」10、p.53）

　（その行う由来を見、その行う経過を観察し、その行う結果を見極める。そうすればその人はどこにかくれるか？）

（2）　直道而事人，<u>焉</u>往而不三黜？（『論語』巻18「微子」2、p.715）

　（道を曲げずに人に仕えれば、どこに行けば三度避けられないことがありま

---

[2] 『論語』を始めとして、春秋戦国期の文献が実際にいつ成立したかということはよくわかっていない。この時期のものは、まずすべての文献が現在のような一冊の書物（実際には竹簡等）として存在していたか疑問であるし、またこの時期の書物の多くは後の焚書等による消失という経緯を被ることになる。さらに読者層が現在とはかなり異なっていたであろうということも考慮しなければならない。実際に文章として成立した時期、そして現在のようなテキストとして定着した時期、それぞれを慎重に検討していかなければならない。

しょうか？）

　『論語』における疑問代名詞の形式は、ここで明らかなように目的語の「焉」が動詞に前置されるという形式である。ただ注意すべきことは、この「焉」という語彙自体が場所を表すというわけではないということである。文全体の意味から考えてある場面においてはそうなるということである。

　このように上古漢語においては、形式的には場所を表す専用の疑問形式はなく、例えば「焉」の用例のうち幾つかが文全体の意味から考えて場所を表す形式となっているのである。その他例えば『韓非子』でも状況は同じで、疑問代名詞については「焉」「奚」等の字を用いている。

　ただ残念ながら、こういった語彙は後の秦漢等の文献資料には継承されていないと思われる[3]。後世に伝えられた疑問代名詞の形式は『左傳』等に見られる「何」「安」の形式である。

　『左傳』における「何」字は全742例であるが、その中で例えば場所を表す形式「何之」「何郷」についてはそれぞれ以下の1例がある。

（3）襄公適楚矣，而祖以道君。不行，何之？（『左傳』「昭公七年」p.1287）
（襄公が楚に行ったので、今度は祭りをして主君を案内するのだ。そこに行かないで、どこに行くのか？）
（4）國險而多馬，齊、楚多難；有是三者，何郷而不濟？（『左傳』「昭公四年」p.1246）（国は守りが固く馬も多く、また齊や楚には争いごとも多い：この三つがあれば、どこに向かってもうまくゆくはずだが？）

　その他「安」を用いた形式も存在する。「安」の方は計89例あり、例えば「安歸」「安傅」を見ればそれぞれ1例ずつある。

---

[3] 「焉」「奚」等は後世になるともっぱらいわゆる「反問」を表す形式にのみ使用されるようである。よってこの種の形式は他の「何」等に代替されてゆくようになったと私は推測している。

（5）君死，安歸？君民者．豈以陵民？社稷是主。（『左傳』「襄公二十五年」p.1098）

（主君が死んで、どこに帰るのか？君民である者が、どうして人々の上に立つことができよう？社稷こそを主とするのである。）

（6）皮之不存，毛將安傅？（『左傳』「僖公十四年」p.348）（皮が残っていなければ、毛はいったいどこに付着しておくことができようか？）

このように『左傳』においては、「何」「安」といった形式が場所を表す疑問形式として用いられていることがわかる。そしてこの形式のうち特に「何」の形式が、後の文献においても広く使用されるようになるのである。そのことについては以下順を追って述べてゆくことにする。

2．5．2　漢代の資料について

漢代になると、場所を表す疑問代名詞については、戦国期『左傳』に現れた「何」を前置詞とする形式を継承するようになってくる。一例として劉向『説苑』を見てみると、例えば「何之」等の形式があり、こういったものが前漢におけるごく一般的なものだったことがわかる。しかしここで問題になるのは、漢代においてまたそれとは違った形式が新たに現れてくるということである。ここではその状況について概観してゆくことにしよう。

今回はその言語資料として司馬遷撰『史記』を扱うことにする。

まず『史記』に扱われている時代について見ることにする。該書で扱われている時代はいわゆる五帝の時代から司馬遷と同時期の前漢武帝の時代までの通史である。それが今日まで『史記』を語学的に分析できるか否かの大きな問題点となってきた。しかし私は司馬遷と時代の近い部分をその言語資料とするのであれば、語学的にも取り扱うことが可能ではないかと考える。そこで本稿では、漆権1984を参考にして以下の部分を「『史記』秦漢部分」と名付けて、その言語資料にすることにしたい。

巻6〜巻12、巻48〜巻60、巻87〜巻104、巻120〜巻125

2. 5. 2. 1　前漢の資料－其の一

「『史記』秦漢部分」において場所を表す疑問形式は、まず『左傳』等を継承した「何」を前置する形である。

「何」字を用いた例は464箇所あるが、例えば「何之」「何從」という場所を表す疑問形式を見れば以下それぞれ1例である[4]。

（7）大宛聞漢之饒財，欲通不得，見騫，喜，問曰：「若欲何之？」（『史記』「大宛列傳」）

（8）太后曰：「帝倦矣、何從來？」（『史記』巻49「外戚世家」p.1982）（太后は言った：「帝は疲れていらっしゃいますが、どこからいらっしゃったのですか？」）

このように「『史記』秦漢部分」には「何」を前置した形式が一般的である。

また「『史記』秦漢部分」には、同じく『左傳』を継承した「安」を前置した疑問形式もある。「安」字364例中例えば「安在」で検索すれば合計6例で、すべて場所を表す疑問形式である。2例を挙げる。

（9）項王曰：「沛公安在？」良曰：「聞大王有意督過之，脫身獨去，已至軍矣。」（『史記』巻7「項羽本紀」p.314）
（項王は言った：「沛公はどうこにいるのか？」張良は言った：「大王は過失を咎める意思があると聞きましたので、一人で立ち去ったところで、もう軍

---

[4]　『史記』「外戚世家」の例は牛島1967、p.331を参照にした。なおこの例は厳密に言えば褚少孫の補遺の部分といわれているが、言葉の変化の観点からすれば、司馬遷と時代はさほど変わらないと言っていい。後のいくつかの例も同様である。

に至った時分でしょう。」)

(10) 項王見紀信,問:「漢王安在?」信曰:「漢王已出矣。」項王燒殺紀信。(『史記』巻7「項羽本紀」p.326)
(項王は紀信を見て問うた:「漢王はどこにいるのか?」紀信は言った:「漢王は既に脱出しました。」そこで項王は紀信を焼き殺した。)

　このように上古漢語における場所を表す疑問形式は、『左傳』や『史記』秦漢部分」等に見られる「何」「安」を前置する形式が基本的なものとなるのである。

2. 5. 2. 2　前漢の資料—其の二

　ところでこの「『史記』秦漢部分」において注目すべきは、場所を表す疑問形式に新しい形式が生み出されるということである。その形式とは「何所」のように、疑問代名詞「何」に名詞「所」が続く形である。
　ただそのことを記述する前に、述べておかなければならないことがある。それは『史記』秦漢部分』には、「何所」の形式のうちそれ以前の文献例えば『左傳』等にも見られるような従来の形、即ち「何+所『動詞』」というように、「何所」にさらに動詞が後置されるものがある、ということである。「『史記』秦漢部分」においては「何所」自体の用例を見てみると計6例あり、そのうち5例が「何所」に動詞が後置される形である。1例を挙げれば以下の通りである。

(11) 今大王誠能反其道:任天下武勇,何所不誅!以天下城邑封功臣、何所不服!(『史記』巻92「淮陰侯列傳」p.2612)
(今大王がまことにこの項王の道とは逆の道を行い、天下の武勇の士に任せれば、誅滅できない者などありましょうか?天下の城邑を功臣に封地としてお与えになれば、征服できない者などありましょうか?)

このように「何所」の従来からの形式は、「何」に「所『動詞』」が後置する形、即ち「何＋所『動詞』」の形であり、なおかつ場所を表さないものも多い。例えばこの場合では指しているものは人物である。しかし「何所」の次の例は、それとは異なり場所を表す疑問形式である。その1例は以下のごとくである。

（12）人皆以爲不治産業而饒給，又不知其何所人，愈信，争事之。（『史記』巻12「孝武本紀」p.454）
（人々は皆彼が産業を治めているわけでもないのに多く人に与えており、またどこの人かわからなかったが、ますます信用し、争って仕えた。）

　この例は、「何所＋人」と続くもので、これまでになかった形式である。この「何所人」は「どこの人」という意味で、明らかに場所を表す専用の疑問形式「何所」からなっている。このように「『史記』秦漢部分」には新しい形式の「何所」という例が出現するのである[5]。
　この「何所」という形式から見て、「『史記』秦漢部分」において、私は既にそこに中古漢語的要素の萌芽がみられるのではないかと推測する[6]。そしてその形式は次の後漢においても続いてゆくことになるのである。

2. 5. 2. 3　後漢の資料

次の後漢においても「何所」の形が現れることになる。しかしいうまでもないが、すべての文献にこの「何所」の形式が出現するわけではない。例えばこの時期の主要な資料の一つに班固『漢書』があるが、該書に現れる一般的

---

[5] 一方「安」の方は、「安＋所『動詞』」の形式はあるものの、「安所」で終わる名詞句のものは見られない。これはその後の文献においても同様である。
[6] 或いは「上古漢語」の一つの段階において、新しい「何所」の形式が生まれたと考えるべきなのかもしれない。ただ『史記』秦漢部分」の用例は全体から見れば1例と少数である。

な形式は『左傳』を始めとする「何」を前置する「何『動詞』」であり、原則として「何所」の形式は用いない[7]。

それに対して、例えば王充『論衡』は、その斬新な思想内容もさることながら、この「何所」という表現形式についてもそれを積極的に用いており、いわゆる中古漢語の萌芽としての役割を果たしているといえる。

ただ『論衡』全体から見れば、「何」を動詞に前置する形式の方が一般的である。「何」字1258例のうち、例えば「何在」について見れば、11例存在する。2例を挙げれば以下の通りである。

(13) 且五行之氣相賊害，含血之蟲相勝服，其驗何在？（『論衡』巻14「物勢」p.148）
（そのうえ五行の気が互いに賊害し、血の通っている動物が互いに勝服するという、その証はどこにあるのか？）

(14) 其母曰：「今虵何在？」對曰：「我恐後人見之，即殺而埋之。」（『論衡』巻20「福虚」p.267）
（その母が言った：「その蛇は今どこにいるのですか？」子供は答えていった：「後で人が見るといけないので、そこで殺して埋めました。」）

それに対して名詞句として用いられる「何所」は、15例のうち2例が新しい形式である。1例を挙げる[8]。

---

[7] 厳密に言えば、『漢書』にも「何所」に名詞が続く例、及び「何所」で句が終わる例、それぞれ1例ずつあるが、いずれも『史記』を踏襲したもの及び当時の四字句の歌謡であり、『論衡』におけるような記述の文章ではない。ちなみに『論衡』では、『史記』を踏襲した箇所については「何許」を使用している。

[8] もう1例は、「其下之南，有若蓋之莖者，正何所乎？」（その下の南に、蓋の茎のようなものがあるのは、いったい何であろうか？）（『論衡』巻32「説日」p.489）である。この「何所」は、意味から考えれば「何」、或いは「何物」となるべき箇所である。太田1988, p.99には、事物を問う「何所」の例を挙げているが、そこに挙げてある例は、上古漢語に典型的な形、即ち「何＋所『動詞』」の形式、およびその後の志怪や仏典のものである。「何」から「何處」へ変遷する途中の段階として、「場所」以外のものをも表した例とみるべきであろうか。今はそのままここに挙げてお

（15）扶桑細柳, 正在何所乎？（『論衡』巻32「説日」p.497）（扶桑と細柳は、本当はどこにあるのだろうか？）

　このように『論衡』において、「『史記』秦漢部分」から受け継がれた「何所」という形式が用いられているのである。
　このように「何所」の形式は、漢代およびそれを模倣した文章においてはいくらか用いられたようであるが、正式な形式としては残念ながら後世には引き継がれなかったと思われる。そして次の魏晋南北朝になると、さらに新たな形式が生まれて来ることになる。

2. 5. 3　魏晋南北朝の資料

　次に魏晋南北朝の文献資料を見てみることにしよう。この時期の全体の状況を見てみると、やはり「何」が動詞に前置する形式の方が一般的である。例えば典型的な例として、西晋陳寿撰『三國志』を見てみると、その形式はやはり「何」を動詞に前置する形式がほとんどで、「何」に「所」等を後置して名詞句を作る形式は原則として見られない[9]。
　それに対して、この時期にはまた新たな形式が出現することになる。その資料として、今回は南朝劉宋劉義慶撰『世説新語』を見てみることにする。
　まず『世説新語』にも上古漢語より用いられている「何」が動詞に前置する形式が存在する。「何」字全430例中例えば「何在」で検索すると全部で5

くことにする。
[9] 厳密に言えば『三國志』巻12「魏書」「毛玠傳」において、鍾繇の言葉として「以何日月？於何處所？」（いつ何時か？どこにおいてか？）の1例があるが、ここは相手を詰問する際に用いる当時の決まった四字句の言い方であり、一般的なものとは考えられない。
[13]『世説新語』には、「何處＋『動詞』」のように動詞が「何處」に後置する例がある。後の『遊仙窟』にも同様の例が見られる。ただこの形式は古代漢語での典型的な形式「何＋『動詞』」とは明らかに異なり、むしろ次の近世漢語へと繋がってゆく問題であると思われる。詳しくは楊克定1992を参照。

例存在することがわかる。2例を挙げると以下のごとくである。

(16) 簡文在暗室中坐，召宣武，宣武至，問上何在。(『世説新語』巻2「言語」60、p.67)
（簡文帝は暗い部屋の中に坐り、宣武を召すと、宣武はその部屋にやってきて、主君はどこにいるか尋ねた。）

(17) 須臾，和長輿來，問：「楊右衞何在？」客曰：「向來不坐而去。」(『世説新語』巻5「方正」12、p.163)（しばらくすると和長輿が来て、問うた：「楊右衞はどこにいるか？」客の一人は答えた：「さきほど席にもつかずに立ち去りました。」）

それに対して、「何所」という形式は18例あるが、すべて「何＋所『動詞』」の形式であり、「何所」という名詞句のものは1例もない。

その形式とは別に、『世説新語』には「何處」という形式が現れる。全部で9例あり、すべてこの形式である。2例を挙げる[10]。

(18) 桓玄既篡位，將改置直館，問左右：「虎賁中郎省應在何處？」(『世説新語』巻2「言語」107、p.88)
（桓玄は位を奪ったその後、制度を改め宿直所を置こうとして、そばの者に尋ねた：「虎賁中郎省はどこに置くべきだろうか？」）

(19) 王問：「何處來？」云：「從師家受書還，不覺日晚。」(『世説新語』巻3「政事」10、p.95)
（王は問うた：「どこから来たのだ？」その男は言った：「先生のご自宅でのご講義を受けての帰りですが、知らぬ間に日が暮れてしまいました。」）

---

[10] 『世説新語』には、「何處＋『動詞』」のように動詞が「何處」に後置する例がある。後の『遊仙窟』にも同様の例が見られる。ただこの形式は古代漢語での典型的な形式「何＋『動詞』」とは明らかに異なり、むしろ次の近代漢語へと繋がってゆく問題であると思われる。詳しくは楊克定1992を参照。

このように、『世説新語』においては、『史記』や『論衡』で用いられた「何所」という形式は消え、その代わりに「何處」という形式が生まれたのである。そしてこの段階で中古漢語の場所を表す疑問形式は完成を見ることになるのである。そしてこの「何處」という語彙は、品詞としては一個の疑問代名詞と見ることもできると考えてよさそうである。

2.5.4 唐代の資料について

この「何處」という形式はその後広範な文献において使用され、近世漢語においても、例えば明代『西遊記』等の資料において広く用いられる。そして現在においても、書面語等において用いられることがある。ただ近世近代漢語においては「那裡」等の語彙が一般的になることになるが、その詳細についてはまた別の機会に述べることにしたい。

ところでこの「何處」という形式は、古代漢語としていつ頃まで主に使用されたかについてはよくわからないが、いくつかの文献においてはこの「何處」が積極的に用いられていたようである。今回は、その中でも初唐張文成作『遊仙窟』について見ることにしたい。

この作品には「何所」の例は一つもない。それに対して「何處」の方は計11例ある。2例を挙げれば以下のごとくである。

(20) 下官笑曰：「十娘機警，異同著便。」十娘答曰：「得便不能與，明年知有何處？」(『遊仙窟』p.19)
（私は笑って言った：「十娘さまはお察しが早く、違いをおわかりでらっしゃる。」十娘は答えて言った：「都合を得た時にうまくやらなければ、来年になったとしてどこでやるというのでしょう？」）

(21) 十娘因在後，沈吟久不來。余問五嫂曰：「十娘何處去，應有別人邀？」(『遊仙窟』p.21)
（十娘は後ろに下がって、ためらってなかなか来なかったので、私は五嫂に

尋ねた：「十娘さまはどこに行ってしまわれたのです？他の人のお招きでもあったのですか？」）

このように『遊仙窟』には、疑問代名詞「何處」による形式が示されている。場所を表す疑問形式としては「何處」が最終的なものとなったのである。

2.5.5　結語

以上述べてきたように、場所を表す疑問形式は、春秋戦国期においては「焉『動詞』」等の疑問代詞が動詞に前置する形式、及び「何『動詞』」等の形式が存在したが、「何『動詞』」等の形式の方が一般的な形式となった。ただしその形式は場所を表す専用のものではなかった。

しかしその後、漢代においては名詞句「何所」という形式が発生し、その後魏晋南北朝において「何處」という形に代わり、最終的な完成を見たというわけである。その形式は場所を表す専用のものである。

それでは次の近世漢語においてはどのような形式になったのであろうか。一言で言えば例えば敦煌変文においては「何所在」、「甚處」、「那裏」等の複雑な形式が現れ、その後『大唐三藏取経詩話』『三國志平話』等を経て「那裡」という形式に収束していったと考えられる。この問題については第4章にて述べる。

2.6 上古漢語における指示詞「彼」の他称詞としての用法

2.6.0 議論の前提

　第2章第2節では上古漢語の指示・人称表現について調査を行った。『孟子』から言語資料を求め指示詞の体系を考察した結果、その構造は現代漢語や英語の二分指示とは違い、日本語や朝鮮語と同じく三分指示であることを論証した。その際、上古漢語は語用論的にはなお種々の討論の余地があることを示唆した。

　また第3章第3、4節では『論語』、『楚辞』の第一人称代名詞を調査した（後述）。その時に必要となったことは、鈴木孝夫1973の所謂『人称詞』という概念であった[1]。本節ではまず「人称代名詞」・「人称詞」を定義しておきたい。

　「人称代名詞」とは名詞の代わりとして、繰り返しを避けるために用いられる。人や物を表わすものである。形態レベルの用語である。なお「指示詞」は同じく繰り返しを避けるため人や物を直接指し示すものである。

　「人称詞」とは人間を指す言葉である。名詞や人称代名詞、指示詞の一部を含む。語用レベルの用語である。「第一人称」を指すものを「自称詞」、「第二人称」を指すものを「対称詞」、「第三人称」を指すものを「他称詞」とする。なお「第一人称」等は指示される指示対称そのものを意味する。

2.6.1 緒論

　現代漢語において、ある学生が目上であるその先生を言及する際、以下の

---

[1] その他呂淑湘1942-44、牛島1965等を参照した。

例文は第三人称代名詞「他」の指示対象である第三者自身がその場にいなければ、語用的に適格である[2]。

（1）<u>他</u>在北京大学教漢語。

ところがこの例文を、日朝語において対応する文を考えてみると、直訳では「彼（かれ）」等となってしまい、ごく客観的な文章中の紹介等で用いられる以外では、不適格となってしまう。以下の通りである。

（2）＊<u>彼</u>は北京大学で中国語を教えています。

（3）＊<u>그</u>는 베이징 대학에서 중국어를 가르치고 있습니다.

このように日朝語においては、第三人称に対してはもともと指示詞である「かれ」等が用いられるが、その用法には制限がある。
　今回『孟子』について上述の観点から調査を行った[3]。その結果上古漢語は日朝語と同じように、指示詞である「彼」が語用的に他称詞として用いられている、ということがわかった。
　そしてその用法も尊敬する人物に言及する際には決して用いられない、ということもわかった。また日朝語と異なる用法も認められた。本節ではそのことについて述べたい。

2.6.2　先行研究

これまでの研究によって論証された上古漢語、特に『孟子』の人称代名詞

---

[2] この問題については、木村英樹 1990 において詳しく論じられている。
[3] その他『孟子』を言語資料にしたものとしては、Gassmann 1980、崔立斌 1992 等がある。

の体系をまとめると以下のようになる[4]。

【図表14】

第一人称	第二人称
吾　我　予	女　爾

　このように人称代名詞には第一人称・第二人称代名詞は認められるが、真の意味での第三人称代名詞は無いとされている[5]。では実際に第三人称そのものをどうやって表わすのかを考えてみると、上古漢語では名詞等を用いて他称詞としている場合が多い。名詞を用いた人称詞については他の機会に譲ることにして、本論文で考察しようとするものはすなわち指示詞を用いた他称詞についてである。
　例えば日朝語では「彼（かれ）」等の指示詞を用いて他称詞としている。それと同様上古漢語でも遠称指示詞の「彼」が他称詞として用いられるのである。上古漢語における指示詞の体系をまとめると以下の通りになる[6]。

【図表15】

近称	中称	遠称
此	是	彼／夫

　次節では遠称の「彼」について、具体例を示し一つ一つ検証してみることにしたい[7]。

---

[4] 第一人称代名詞については西山1992、第二人称代名詞については太田辰夫1984を参考にした。
[5] このことは郭錫良1980、Lü Shuxiang1940において詳しく論じられている。また「其」・「之」は、Dobson 1974のいう「代替代名詞」(anaphoric pronoun) であり、人称とは関連性のないものである。
[6] 西山1989を参照。
[7] 「彼」に対して「夫」は基本的に限定語の用例のみ、即ち「あの」という用法のみであるので、

2.6.3 指示詞「彼」の用法

2.6.3.1 指示詞本来の用法

　実際に『孟子』に用いられた「彼」の例は37例である。そのうちまず通時的差違が認められると考えられたのは以下の8例である。ここでは2例を挙げる。

(4) 曾西艴然不悦曰：‥‥管仲得君，如彼其專也。(公孫丑上3－1)
(管仲は君主の信任を、あのように独占していた。)

(5) 『詩』云：‥‥徹彼桑土，綢繆牖戸。(公孫丑上3－4)
(あの桑の根をとってきて、戸口を繕おう。)

　4は孔子の門人曾参の息子の曾西の言葉、5は『詩經』豳風鴟鴞の一節である。こういった例は孟軻と同時代のものではないので、データには含めない。
　次に指示詞限定語として用いられた例が1例だけある。以下の例である。

(6) 豈得暴彼民哉？(萬章上9－2)
(象はどうしてその人達を苦しめることができようか？)

　「彼」は商周漢語の例えば『詩經』等では指示詞限定語として用いられることは一般的であるが、『孟子』を含む上古漢語では、遠称指示詞の限定語としては「彼」が使われることは稀で、一般には「夫」が用いられる（なお『史記』以降ではこの区別は混用される傾向にある）。6の例は虞舜とその弟

「人称詞」としては「彼」だけを扱う。

の象に関する対話である。私はこの例文は元来基づく典籍があってそれを孟軻が引用したものであると判断し、データには含めない[8]。

また「彼」が人間以外を指し示すもの、すなわち人称詞以外で用いたものが10例ある。2例を挙げる。

(7) 言擧斯心加諸彼而已。(梁惠王上1－7)
(こちらの心をあちらに加えよ、ということを言っているのです。)

(8) 彼一時，此一時也。(公孫丑下4－13)
(あれ［あの時］はあの時、今は今である。)

7は「あちら」、8は「あれ」のように、すべて人間以外を指し示す指示詞本来の用法である。

2. 6. 3. 2 「人称詞」としての用法

さて以下に述べるものが、「人称詞」として用いられた遠称指示詞の「彼」の、計18例である。
ここで例文を見る前に、まずことさらに強調しておかなければならないこ

---

[8] 例文6が収められている対話中、明らかに他の典籍から引用されたと思われる舜と象の言葉が収録されている。以下がそれである。

象曰：謨蓋都君，咸我績。牛羊父母，倉廩父母，干戈朕，琴朕，弤朕，二嫂使治朕棲。
(象は言う：兄を殺害することを謀ったことは、すべて私の手柄だ。牛や羊は両親のもの、米倉も両親のもの、武器は私のもの、琴も私のもの、弓も私のもの、義姉さん二人は私の夜のつとめをさせることにしよう。)
象曰：鬱陶，思君爾。
(象は言う：ああうれしい、兄さんのことを思っていたのです。)
舜曰：惟茲臣庶，汝其于予治。
(舜は言う：この臣下たちを、お前は私のために治めるのだ。)

これらの言葉は、上古漢語以前の商周漢語の文法体系を反映しているのである。このことからも、例文9が他の書籍から引用された可能性が高いと思われる。

とは、「人称詞」として用いられる「彼」は、18例とも決して尊敬する目上の人物に用いられていないということである。虞舜や孔丘に言及する際には決して「彼」は用いられていない。今回の結論の一つはこれである。

　また今回の調査で「人称詞」として用いられる「彼」には、厳密な区別とは言いがたいが、二種の傾向があることがわかった。

　まずは第三人称をごく客観的に中立的な立場で指示するもので、日朝語の「かれ」等に相当する。10例がそれである。ここでは2例を挙げる。

(9) 彼長而我長之，非有長於我也。(告子上11-4)
(かれが年長であるから自分がその人を目上であるとみなすのであって、年長ということが自分の中に有るわけではない。)

(10) 猶彼白而我白之。(告子上11-4)
(それはちょうど、かれの色が白いから自分がその人を白いとみなすようなものである。)

　これらの例は名詞の代わりとして、繰り返しを避けるために用いられており、人称代名詞とほぼ同様の機能を示している。特にこの9と10では前文に指示するものを持たず、まさに議論中に架空の人物を設定する働きをしており、指示詞本来の機能を失って、第三人称代名詞に極めて近い機能を有していると言ってよいであろう。

　次の8例は基本的には一部上掲したさきの10例と同じであるが、前後関係などをよく考えてみると、これらは中立的な表現ではなく、その指示対象を蔑んで指示していると感じられる[9]。2例を挙げる。

(11) 彼奪其民時，使不得耕耨以養其父母，(梁惠王上1-5)

---

[9] このように「彼」に感情的な色彩があることについては既に王力1980、p.265に指摘がある。

(かれら［齊・秦・楚］は農繁期に人民に力役を課し、農耕をして父母を養うことができないようにしています。)

(12) 彼陷溺其民，王往而征之，夫誰與王敵？（梁惠王上1－5）
(かれら［齊・秦・楚］が人民に対して虐政を行っている時、王様が征伐しに行かれたら、いったい誰が王様と敵対することができようか。)

これらの例の指示対象はすべてさげすみの気持ちを伴って指示されており、日本語では「あいつ（ら）」とでも訳すべきものである。これが今回の結論のもう一つである。

2. 6. 4　結語

本節では指示詞「彼」が日朝語と同じく、他称詞として用いられているという事を指摘し、その例を以上で検討してみた。
　その用法は基本的には日朝語と同じく、目上のものには使えないという制限がある。また上古漢語には、日朝語のように第三人称をきわめて客観的に中立的な立場で指示するものの他に、指示する対象をさげすんで指示する用法があることもわかった。
　以上のことを踏まえてもう一度例文を検討してみると、一見中立的に見える例文においても、いくらかさげすみの気持ちがにじみでていることがわかる。例えば以下の例を見ていただきたい。
(13) 吾聞用夏變夷者，未聞變於夷者也。陳良楚産也，悦周公，仲尼之道，北學於中國。北方之學者，未能或之先也。彼所謂豪傑之士也。子之兄弟，事之數十年，師死而遂倍之。……今也南蠻鴃舌之人，非先王之道。子倍子之師而學之，亦異於曾子矣。吾聞出於幽谷遷于喬木者，未聞下喬木而入於幽谷者。（滕文公上5－4）

（私は中国文化が野蛮な風俗を感化させたということは聞いたことがあるが、野蛮な風俗に中国の者が感化されたということは聞いたことがない。陳良は野蛮な楚の国で取れたものではあるけれども、周公や仲尼の道を好み、はるばる北の中国までその勉強に来た。北方の学者でさえ、彼に先んじることはできないくらいになった。あの男こそいわゆる豪傑の士というべき人物である。君ら兄弟は、彼に数十年も師事してきたのに、先生が死ぬとなんと背いて［許行というものについて］しまった。……今南方の野蛮なモズのさえずるような［言葉を話す楚の許行という］ものが、先王の道を非としている。君は自分の師に背いてそれに学ぶとは、曾子とまったく違うではないか。私はうす暗い谷間から出て高い木に遷るものは聞いたことがあるが、高い木を降りてうす暗い谷間に入ったものは聞いたことがない。）

　孟軻は異端邪説に手厳しい批判を加える人物であるが、南方の楚の国に対しても根強い偏見を持っており、たびたび差別発言を繰り返している。ここで彼は「楚の国で取れた」陳良を「彼所謂豪傑之士也」と褒めてはいるものの、これは括弧づきの賞賛であって、決して虞舜や孔丘を賞賛する時のそれとは違う。よってここの「彼」も「かれ」というよりは「あの男」とでも訳すべき言葉なのである。

　本節最初にも述べた通り、語用論的立場に立てば、上古漢語には現代漢語よりも、日朝語に類似する現象が多々見られる。統語論的には上古漢語は現代漢語と類似することと考えあわせると極めて興味深い。

第3章

古代漢語の人称詞

3.1 古代漢語における人称代名詞の概要

3.1.0 古代漢語における人称代名詞

　古代漢語における人称代名詞は日本語等と比べるとその数には制限がある。日本語では数を挙げれば「私」、「あなた」、「僕」、「君」、「手前」、「そなた」、「わし」、「おめえ」、「あたい」、「おねえちゃん」・・・と限りがないが、古代漢語においては「吾」、「我」、「予」、「余」、「汝」、「女」、「爾」、「若」、「而」、「乃」などが主なものである。
　文献を限定して統計的に挙げれば、例えば『孟子』では以下のような人称代名詞が存在する。

【図表16】

人称代名詞・・・397例	
一人称	二人称
吾128　我162　予52	女4　汝3　爾17[1]

　ここでは「吾」から「爾」までの用例をそれぞれ二つずつ挙げる。

（1）<u>吾</u>對曰：定于一。（梁惠王上1−6）
　（私は一つに定まるでしょうと答えた。）（主語）
（2）何以利<u>吾</u>國。（梁惠王上1−1）
　（どうしたらわが国に利とすることがあるのか。）（限定語）

---

[1] 古代漢語に第三人称が存在しないことについては既に第2章第6節において述べた。

（3）我非愛其財而易之以羊也。(梁惠王上 1―7)
（私はその材質を惜しんで羊に替えさせたのではない。）（主語）
（4）願夫子輔吾志，明以教我。(梁惠王上 1―7)
（どうか先生私の願いを承けて、はっきりと私に教えて下さい。）（目的語）
（5）予助苗長矣。(公孫丑上 3―2)
（わしは苗が成長するのを助けてやった。）（主語）
（6）如使予欲富，辭十萬而受萬，是爲欲富乎。(公孫丑下 4―10)
（もし自分が富を欲しいとするのならば、十万の禄を断って一万の禄を受け、富を欲しているとするのだろうか。）（目的語）
（7）姑舍女所學而從我。(梁惠王下 2―9)
（とりあえずはお前の学んだことは措いて私に従え。）（限定語）
（8）我使掌與女乘。(滕文公下 6―1)
（私はその男をお前と馬車に乗らせることにしよう。）（目的語）
（9）是非汝所知也。(離婁下 8―32)
（それはおまえたちの知るところではない。）（限定語）
（10）人能充無受爾汝之實，無所往而不爲義也。(盡心下 14―31)
（人はお前などの呼び捨てにされることの無いような行いを広げてゆけば、行くところは必ず義になるものだ。）（限定語）
（11）其至，爾力也。(萬章下 10―1)
（矢が的まで届くのは射手の力による。）（限定語）
（12）寧爾也。(盡心下 14―4)
（お前たちを安心させるためなのである。）（目的語）

　詳しい分析は2節以降において行うが、大まかな傾向は以上でわかるのではないかと考える。その他例えば『史記』には「余」、「若」、「而」、「乃」といった語彙が見られる[2]。

---

[2]　『史記』に見られる「而」、「乃」といった語彙は、限定語としてのみの用法である。

これらの語彙はただ単に『〜』に見られる、ということでは意味がない。具体的に『〜』に何例有り、『〜』に何例有る、といった挙例によって、初めて意味を持つことになるのである。次節からは以上の方法に沿って用例を挙げていく。

3.2 上古漢語における代名詞「其」の特殊用法

3.2.0 議論の前提と先行研究

　姜宝琦 1982 は人称代名詞の用法について、「1. 第三人称 "其" は『「名詞＋之」』と解釈すべきである。2. "其" の一般的な用法は限定語として用いられることであり、自由に主語や目的語にはなれない」と定義している。

　この纏め方は要を得ており、基本的には賛成できると私は考える[1]。しかし姜宝琦 1982 の定義にあてはまらない例が存在する。それは例えば以下の一文に現れる用法がそれである、即ち、

（1）（2）非其君不事，非其民不使。(『孟子』公孫丑上 3-2)
（しかるべき君主でなければ仕えないし、しかるべき人々でなければ使わない。）

　この一文における「其」はいわゆる「先行詞」を持たず、即ち姜宝琦 1982 のいう「名詞＋之」はここでは成立しない、ということになる。
　こういった現象については、例えば王力 1980、p.280 等に指摘があるが、用例を求めるテキストを選定し、どういった名詞が限定されるのかを調べ、どうしてそのような現象が起こるのかを考察した専論は寡聞にして知らない。
　こういった代名詞「其」が先行詞を持たない場合を考察することは、「其」の性質を考える上での一つの重要な鍵となると私は考える。そこで本節では用例を求めるテキストを選定し、どういった名詞が限定されるのかを調べ、

---

[1] この専論について呉辛丑 1985 はその例外として『詩経』から用例を引いているが、後の文言文の基礎となった上古漢語を反映している『孟子』や『左伝』などの用法と比べて、商周漢語を反映している『詩経』に例外があるのは、さほど特筆するには当たらないと考える。

どうしてそのような現象が起こるのかを考察したいと思う。

3. 2. 1　テキストの選定と用例の摘出

【図表17】『孟子』の用例

其	合計585	代名詞528
		語気副詞　3
		引用　　54（「孔子曰」18、「詩曰」8等）[2]

　前節で述べた代名詞「其」が先行詞を持たない例は、いわゆる上古漢語においては普遍的に見られる現象であると思われる。そこで本節では戦国期『孟子』から用例を抽出した。その統計の結果を【図表17】に挙げた。

---

[2] ここで説明しておかなければいけないことがある。第一に、接続詞としての用法が存在するかということである。例えば『孟子』には次のような例がある。
　(3) 其如是，孰能禦之？（梁惠王上1－6）
　（もしそのようであれば、誰がそれを押しとどめることができましょう。）
　(4) 其如是，孰能禦之？（梁惠王上1－7）
　（もしそのようであれば、誰がそれを押しとどめることができましょう。）
　この2例はしばしば接続詞「其」として挙げられるが、ここは「如是」という述語性の成分に代名詞「其」がついた所謂「偏正構造」が前置され、「禦」の目的語「之」で再び繰り返された表現であり、「其」は接続詞ではなく、代名詞であると私は考える。
　次に語気助詞「其」についてである。3例ある。ここでは2例を挙げる。
　(5) 王之好樂甚，則齊國其庶幾乎！（梁惠王下2－1）
　（王様が楽しみごとがお好きであれば、斉国が王者になるのもきっと近いことでしょう。）
　(6) 如欲平治天下，当今之世，舍我其誰也？（公孫丑下4－13）
　（もし天下がが統一することを欲するのであれば、補佐役は今の世において、私でなければいったい誰であろうか。）
　ここの「其」は多くの論考で「語気副詞」と考えられており、私もその意見に賛成である。また次のような例もある。
　(7) 若是其甚與？（梁惠王上1－7）
　（そんなに甚だしいのか？）
　(8) 如之何其可也？（梁惠王下2－11）
　（どうしてそれでよろしいでしょうか？）
　こういった例も「語気副詞」と考えられることが多かったが、例えば7では「若是」の「是」を「其甚」の「其」と重複して述べたものであり、やはり代名詞と私は考える。8も同様である。

3．2．2　品詞の性質の問題

　次に論じなければならないのは、「其」の後にくるものが体言か用言か、という問題である。次の例を見ていただきたい。

(9)　未有仁而遺其親者也。(梁惠王上1－1)
(未だかつて仁が有って自分の親を捨て去ったものはいません。)
(10)　樂其有麋鹿魚鼈。(梁惠王上1－2)
(大鹿や子鹿、魚やスッポンがいることをお楽しみになりました。)

　9は明らかに「其」の後ろは体言であり、10の方は用言である。この基準で代名詞528例を分けると以下の様になる。

　　　　　「其」＋体言　421　　　「其」＋用言　107

　しかし実際にはそのどちらに属するか迷う例がいくつかある。例えば次の例がそれである。

(11)　吾何以識其不才而舍之？(梁惠王下2－7)
(私はどうやって臣下に才が無い時にこれを捨てることを識ることができるのか。)

　ここの「其不才」は「臣の不才」と言い換えることができるが、「臣が不才であること」ともとれる。
　このように区別に迷う例が存在する理由は恐らく以下のことからくるのではないだろうか、即ち現代漢語において述語性の成分はそのまま中心語になれないのに対し（例えば「＊我知道齊王的去楚国」)、古代漢語においては「吾識齊王之之楚」のように「齊王之」の被修飾語になれるのである。この

問題はなお議論の余地がある。

3. 2. 3 代名詞の先行詞の問題

ここでは代名詞528例が何を先行詞とするかを考えてみたい。
まず528例中先行詞を持つ場合と持たない場合は以下のように分けられる。

「持つ」500 　　「持たない」28

このうち先行詞を持つ500例の先行詞を調べてみると、以下のことがわかる、即ちその全ての500例が人や事物などの第三人称を指すだけで、第一人称や第二人称を指す例はほとんどなかったということである[3]。
ここで代名詞「其」が先行詞を持たない28例のうち2例を列挙してみることにする。

(14) 無失其時，七十者可以食肉矣。(梁恵王上1－3)
(しかるべき時を失わなければ、七十の者でも肉食できます。
(15) 非其君不事，非其民不使。(公孫丑上3－2)

---

[3] かつてDobson 1959、p.94が指摘したように、「其」「之」は人称に関わらず代替すると言われている。中国の標準的な見解が示されている王力主編『古代漢語（修訂本）』第一冊（中華書局、1981年）p.354においても、「其」「之」が時には第一人称や第二人称を指すことがあると述べている。
　しかし私が調べた限りにおいては、第一人称を指すかと思われる例を2例見出しただけであった。まず第1例である。
(12) 我非愛其財而易之以羊也。(梁恵王上1－7)
ここにおける「其財」は「私の財産」と考えられることが多いが、ここの「財」は牛の食肉としての「身財」という意味と取ることも可能で、「牛之財」と考えると第三人称ということになる。
2番目の例である。
(13) 今也父兄百官不我足也，恐其不能尽於大事。(滕文公上5－2)
ここの「其」は焦循等が説くように「我」と考える場合が多いが、趙岐がそれを「父兄百官」と考えたのも実は理由がないわけではない。それは『孟子』において「其」を「我」と解釈するのはここしかないからである。よってこの例も第三人称と考えることも可能であると思われる。

（しかるべき主君でなければ仕えないし、しかるべき人々でなければ使わない。）

　この14、15の例は、先行詞を持たない。よって、例えば14「しかるべき時」や15「しかるべき主君」のように、「其」は「しかるべき」と訳される。これはどうしてであろうか。
　ここで私が注目したのは、その修飾されている被修飾語の語彙の性質である。28例を整理してみると、

　　道10　時5　民4　君2　招2　義2　方1　地1　友1

となる。これらの語彙には共通した特徴がある、それはその語彙自体に、「しかるべき」という意味が含まれているのである。よって「其」自体に「しかるべき」という意味はないのである。例えば以下の2例がそうである。

(16) 天下無道，小役大，弱役強。（離婁上7－7）
（天下にしかるべき道が行わなければ、小国は大国に使われ、弱国は強国に使われる。）
(17) 斧斤以時入山林，材木不可勝用也。（梁恵王上1－3）
斧やまさかりでの木こりはしかるべき時に山林に入れば、材木は使いきれないほどになります。

　16においては、中立的な「道」（例えば「揚墨之道不息，孔子之道不著。」［滕文公下6－9］）とは別に「しかるべき道が行わなければ」という意味で用いられている。17においても、「しかるべき時」という意味で用いられている。
　ここまでの論証に基本的に誤りがないとすれば、まずこういった結論を出すことができる。即ち、「其時」等が「しかるべき時」という訳になるのは、

「時」に「しかるべき」という意味が含まれているからである。

　だとすれば先行詞を持たない「其」を用いた場合、それにはどのような作用があるのだろうか。その用法は先行詞を持つ場合とどのような違いがあるのだろうか。

3. 2. 4　言語学分野からの視点

　言語学分野においては、名詞等がどのようなことを意味するかによって名詞の性質を二項目について対立項を設定している[4]。それは＜定／不定＞(definite／indefinite) と＜特定／不特定＞(specific／nonspecific) という考え方である。

　＜定／不定＞は、聞き手が語られているものとそうでないものを区別できるか、というところにこの二種の区別の鍵がある。

　＜特定／不特定＞は、語られているものが具体的に存在するか、というところに区別の鍵がある。

　この＜定／不定＞と＜特定／不特定＞の区別を明らかにするために、4通りの組み合わせに沿って、現代漢語の例を挙げると以下のようになる。

(18)　＜定・特定＞：那個北京人，前天也来過。
(あの北京の人は、一昨日も来た。)
(19)　＜定・不特定＞：一般来説，北京人会説北京話。
(一般的に言えば北京の人は北京語が話せる。)
(20)　＜不定・特定＞：去年，他娶了一個北京人。
(去年、彼は北京の人と結婚した。)
(21)　＜不定・不特定＞：他想娶一個北京人，誰都可以。
(彼は北京の人と結婚したい、誰でもよい。)

---

[4] この考え方は例えばHawkins1978において詳しく論じられている。この考え方は以降様々な発展を見せているが、ここで詳細については論じない。

＜定・特定＞の例では、おそらく前段落以前において「北京人」がすでに話題にのぼっており、聞き手はこの「那個北京人」を他の人と区別することができるし、また具体的に一人の人間が存在している。
　＜定・不特定＞の例では、聞き手は「北京人」とそうでない人を（何らかの方法を使って）区別することができるが、具体的な誰かを指しているわけではない。
　＜不定・特定＞の例では、聞き手は「一個北京人」を他の北京人と区別することはできないが、結婚したわけであり、具体的に一人の相手が存在する。
　＜不定・不特定＞の例では、聞き手はもちろん「一個北京人」と他の北京人を区別することはできないし、具体的な人を指しているわけではない。
　この区別にしたがって『孟子』から「民」の用例を挙げると以下のようになる。

(22) ＜定・特定＞：河内凶，則移其民於河東。（梁恵王上　1・3）
（河内が凶作であれば、そこの人々を河東に移す。）
(23) ＜定・不特定＞：非其民不使。（公孫丑上　3・2）
（しかるべき人々でなければ使わない。）
(24) ＜不定・特定＞：文王以民力為台為沼。（梁恵王上　1・2）
（文王は人々の力で台や沼を作った。）
(25) ＜不定・不特定＞：則無望民之多於鄰国也。（梁恵王上　1・3）
それでは人々が隣国より多いことを望むわけにはいかないのです。）

　以上を見ると「其」字の本質というものが見えてくる。即ち、「其」で修飾された場合、その名詞は「定」となる、ということである。その点に関して言えば、「其」字は人称代名詞ではあるが、その働きは英語の定冠詞'the'ときわめて近い用法であるといえるのではないだろうか。

3.2.5 結語

　これまでの論証をまとめると以下のようになる。
　「非其君不事」の「其君」が「しかるべき君」という意味になるのはなぜか？
　それはまず「君」という名詞自体に「しかるべき」という意味が隠されているからである。次にその「君」が＜定・不特定＞、すなわち「他と区別される君」であり、なおかつ「具体的に存在する君」でないとすれば、「しかるべき」という隠されていた意味が現れるのである。

3.3　上古漢語における第一人称代名詞「予」の用いられる条件

3.3.0　問題の所在と研究の概況

　上古漢語の代名詞第一人称「吾」、「我」、「予」、「余」、「朕」等の分用については、馬建忠 1898-99、pp. 38-40 に始まりその文法機能の差異をめぐって様々な議論がなされてきた。

　そのなかでも特に「吾」、「我」二語の分用については、Karlgren 1920 より鈴木 1987、山崎 1991 等に至るまで様々な検証が行われている[1]。

　上古漢語の第一人称代名詞の語用を概観する意味で、黄盛璋 1963 所収の「先秦典籍第一、第二兩身代詞格位用法統計表目録」を第一人称の総用例数のみに着目して主な散文典籍について再度作表すると【図表18】の如くである[2]。

---

[1] その間では胡適 1921、Kennedy 1956、尾崎 1960、Gassmann 1984 等が代表的なものである。また Яхонтов 1965, pp. 66-69、山崎 1991 に於いては，除外 (exclusive)、包括 (inclusive) の概念が導入されている。
[2] 作表中除外した「㠯」、「鯱」に関しては周生亞 1980 に於いて詳細に考察されている。該論では甲骨文に於ける「㠯」の「吾」との関連性、及び代名詞としての性質は否定されている。また金文に於ける代名詞「鯱」の用例は全て東周列国期銘文であることが指摘されている。本節に於ける金文は時期区分上西周期のものを想定しているのでこの二種は除外して論じていくことにしたい。

【図表18】

	甲骨文	金文	今文尚書	論語	禮記檀弓	左傳	國語	墨子	孟子	荘子内篇	荀子	韓非子	戰國策
我	多	64	191	44	29	686	188	189	146	66	79	110	114
吾	無	0	2	105	65	485	291	169	113	96	70	162	192
予	無	0	157	23	13	1	3	36	40	27	4	0	0
余	多	99	0	0	0	159	44	1	0	0	0	3	0
朕	多	75	63	0	0	2	3	4	4	0	0	0	0

この表より私は先秦時期の第一人称代名詞の語用の大まかな変遷を以下の如く推察する。即ち、

　第一期：甲骨文、西周金文に於いては「我」、「余」、「朕」の三種が用いられ、『尚書』ではその三種のうちの「余」に代って「予」が用いられる。
　第二期：『論語』、『禮記』檀弓、『墨子』、『孟子』、『荘子』内篇に於いては「吾」、「我」、「予」の三種が用いられ、『左傳』、『國語』ではその三種のうちの「予」に代って「余」が用いられる。
　第三期：『荀子』、『韓非子』、『戰國策』に於いては「吾」、「我」の二種のみが用いられる。

である。
　この三つの変遷に関するそれぞれの専題研究の有無を調べてみると、第一期の体系については夙に陳夢家 1956、 p. 96 等に詳しい考察がある。また第二、第三期に於ける「吾」、「我」の分用の定義についての論証も、本章冒頭に述べた如く数多くの論考に於いて繰り返し為されている。ところが不思

議なことに、第二期に於いては「吾」、「我」が用いられる他に、「予」(或いは「余」)が「吾」、「我」二種と共起することについてはこれまでの議論に於いては往々にして等閑にされてきた。

　よって本節では、上述の第二期に於いてどのような条件のもとで「予」が用いられるのかを考察してゆきたい。そのためにまず、第二期の前後を概観する意味で第一、第三期の大まかな体系について先行研究をもとに記述し、次に第二期の体系のなかの特に「予」が現れる環境を具体例を検証することによって定義し、最後にその現象が如何なる意味を持つかについて言及してみることにしたい。

3.3.1　第一、第三期に於ける第一人称代名詞の体系

　本項では、本節の主要なテーマである第二期の前後の第一、第三期に於いて、第一人称代名詞が如何なる体系を有しているかについて先行研究をもとに概述する。

　　第一期：甲骨文、西周金文、『尚書』

　前述の黄盛璋 1963 所収「先秦典籍第一、第二兩身代詞格位用法統計表目録」の第一期に関する部分を再度詳しく作表すると【図表 19】の如くである。

【図表19】

甲骨文	我	余	朕
主語	多	多	少
限定語	多	無	多
目的語	多	無	無

金文	我	余	朕
主語	13	83	0
限定語	36	4	75
目的語	15	12	0

『尚書』	我	予	朕
主語	87	124	17
限定語	65	5	44
目的語	39	28	2

　この図表からわかることは、まず甲骨文、金文には「余」が用いられ、『尚書』にはそれに代わって「予」が用いられることである。「余」と「予」とは音韻的にも等価であることから[3]、この二文字は同一語の別表記と解釈して差し支えないであろう。次に詳細は検討を要するが、陳夢家 1956、p. 96、周生亞 1980 の解釈に従い、大まかにみて「余」(「予」)は主語、目的語に用いられ、「朕」は限定語に用いられると考える。この二語は[4]相補分布 (complementary distribution) を成していると思われる。

　また「我」は主語、限定語、目的語ともに用いられる。また「余」、「朕」二語と「我」との関係についてであるが、ここも同じく陳夢家 1956、p. 96、周生亞 1980 の説に従い、「余」、「朕」は自己一人に言及する (即ち「わた

---

[3] 例えば董同龢 1948 に於いては、両者ともにその音価は diäg（平）(p. 157) である。
[4] 同上その音価は「余」diäg（平）(p. 157)、「朕」d'ĭəm（上）(p. 247) である。

し」）際に、「我」は自己の属する集団に言及する（即ち「われわれ」）際に用いられると解釈する[5]。

以上を纏めると第一期に於ける第一人称代名詞の体系を【図表20】のように想定することが可能である。

【図表20】

主語	余	予	我
限定語	朕		我
目的語	余	予	我

第一期（甲骨文、西周金文、『尚書』）に於ける第一人称代名詞の体系
＊『尚書』では「余」に代って「予」を用いる。「余」・「朕」は自己一人に言及する際に、
「我」は自己の属する集団に言及する際に用いる。

　　第三期：『荀子』、『韓非子』、『戰國策』（及びそれ以降）

『荀子』、『韓非子』、『戰國策』に関して黄盛璋 1963 所収の統計表目録の該当箇所を作表すると【図表21】の如くである。

---

[5] 管燮初 1953, p. 33、1981, p. 174 にそれぞれ示された甲骨文、西周金文の第一人称代名詞に関する統計も、大体に於いてこの結果と一致する。

【図表21】

『荀子』	我	吾	予
主語	28	48	1
限定語	17	21	0
目的語	34	1	3

『韓非子』	我	吾	余
主語	43	114	3
限定語	10	48	0
目的語	57	0	0

『戰國策』	我	吾
主語	46	136
限定語	5	56
目的語	63	0

　上掲表によりこの時期に於いてはほぼ「我」、「吾」のみが用いられることがわかる。そして先行研究によれば、これ以降およそ漢魏六朝あたりまでは、代名詞としてはこの二種が主に用いられているようである[6]。
　この二種の分用については従来多くの論考が著されてきた。本節ではとりあえずこれまでの論証で明らかになってきた大まかな枠組みについて纏めることにしたい。まず主語、限定語としては「吾」、「我」二種がともに用いられ、目的語には「我」のみが用いられる[7]。主語、限定語の二種の分用については、「吾」が通常に用いられるのに対し、「我」は他と強調、区別する際に用いられる、即ち「我」は主語に於いては「他の者はどうか知らないが

―――――――――
[6] 例えば漆権1984に於いては『史記』所収の秦、前漢時期の記載には基本的には「我」、「吾」が常用され、司馬遷父子の自称のみに「余」が用いられ、帝王の自称に限って「朕」が用いられることが明らかにされている。また小川・莊司1962の統計に於いても例えば捜神記二十巻本等ではやはり「我」、「吾」が常用されるようである。
[7] 後述するように否定文中の目的語に於いてのみ「吾」も用いられるが，この場合の「吾」は目的格と意識されていなかったと考える方が妥当である。

私（或いは私たち）は……」といったニュアンスで用いられ、限定語に於いては「他でもなく私（私たち）の……」といったニュアンスで用いられる。

　上記を纏めると第三期に於ける第一人称代名詞の体系を【図表22】のように想定することが可能である。

【図表22】
第三期（『荀子』、『韓非子』、『戰國策』）及びそれ以降に於ける第一人称代名詞の体系

主語	吾／我
限定語	吾／我
目的語	我

＊主語、限定語として通常には「吾」が用いられ、他と強調、区別する際には「我」が用いられる。

3. 3. 2
第二期に於ける第一人称代名詞の体系及び「予」の現われる環境の検証

　本項では、第二期に於ける第一人称代名詞の体系を、特定した文献を資料として記述する。そしてその後に、その代名詞のなかでも特に「予」が如何なる環境に於いて現われるのかについて、具体例を挙げて検証してみたい。

　本項では第二期のテキストの一つである『論語』をその資料として記述する。該書をテキストに選定した理由は後に詳しく述べるように、該書はこの時期の文献のなかでは比較的初期のものであり、この時期の後期に顕著な限定語「吾」、「我」混用以前の、より純粋な数値をそれぞれに示していると考えられるからである。

まず『論語』の第一人称代名詞の使用例数を統計し作表したものが【図表23】である。

【図表23】

	吾	我	予	朕	
主語	93	18	8	0	
限定語	17	1	3	0	
目的語	3	27	9	0	
計	113	46	20	0	有効資料 179
他	0	5	8	2	
各総計	113	51	28	2	総計 194

資料は総計194件。うち「吾」が113件、「我」が51件、「予」が28件、「朕」が2件である。その194件のうち、人名に使われたものが10件(「我」、「予」それぞれ5件)あり、孔子と時代の異なる人物を発話者としているものは殷の湯王が3件、周の武王が2件(「予」3件、「朕」2件)であった。統計に不要なこれら計15件(「他」に当たる部分)を除いた179件を有効資料とした[8]。

この図表中、説明を要する箇所がいくつかある。

まず第一に、「吾」に於ける目的語は3件である。今2例を挙げる。

(1) 以吾一日長于爾，無吾以也。(先進24)
(私がお前たちよりいくらか年長であるからといって、私を年長者と見て遠慮するようなことがあってはいけない。)

---

[8] ちなみに有効資料の発話者は孔子139件、曾子8件、子貢・子張それぞれ4件、顔淵・閔子騫・齊の景公それぞれ3件、陳文子・陽貨それぞれ2件、儀の封人・司馬牛・子夏・子服景伯・子游・漆雕開・陳の司敗・葉公・魯の哀公・冉有・樊遅それぞれ1件である。

（２）居則曰："不吾知也。"（先進24）
（お前たちはいつも「自分のことを知ってくれない」と言っている。）

　この２例はいずれも「吾」は否定文中の前置された目的語である。このことから、『論語』に於ける発話者にとって、否定文中の目的語として前置した場合のみ「吾」を用いることが許されたのではないかと推測される。
　第二に、「我」に於ける限定語１件であるが、以下の如くである。

（３）我三人行，必有我師焉，（述而22）
（私は三人で物事を行ったら、必ずそこに私の師を見いだす。）

　この部分は従来「我が師」というように「我」を限定語のように解釈してきた。しかし上述の統計から考えて、ここは「きっとそこで自分自身に師を見出すに違いない」というように、目的語として用いられていると解釈する方が妥当であるかも知れない。
　以上二点を考慮すれば、該書の第一人称代名詞の文法機能を【図表24】のように示すことが可能である。

【図表24】

	吾	我	予	朕
主語	＋	＋	＋	－
限定語	＋	－	＋	－
目的語	－	＋	＋	－

＊「＋」は該当語にその文法機能が有ることを表し、「－」は無いことを表す。

　【図表20】を見てみると、まず「吾」と「我」は主語については、前章後

半に於いて述べた第三期に於ける分用と同様の条件、即ち「吾」が一般に用いられるのに対し、「我」は他と強調、区別する際に用いられると考える。次に限定語には「吾」が用いられ、目的語には「我」が用いられることがわかる。この二語も音韻論的にはその語頭子音が類似することから[9]相補分布を成していると解釈することができる。第二期のその他の文献、即ち『孟子』、『左傳』等は限定語に「吾」、「我」双方が用いられることから考えると[10]、該書は第二期の文献のなかでは比較的初期のものであり、言い換えればこの時期の後期に於ける「吾」、「我」二語の限定語混用以前の、より純粋な数値をそれぞれが示していると考えることができる。

また「予」は「吾」、「我」二語と別系統で主語・限定語・目的語ともに用いられると考えられる。『左傳』、『國語』では「予」に代わって「余」が用いられる[11]。「朕」は引用以外には用いられない。

上記を纏めると第二期に於ける第一人称代名詞の体系を【図表25】のように想定することが可能である。

【図表25】

第二期（『論語』、『孟子』、『左傳』等）に於ける第一人称代名詞の体系

主語	吾／我	予（余）
限定語	吾（我）	予（余）
目的語	我	予（余）

＊『孟子』、『左傳』等に於いては限定語に「我」も用いる。主語には一般には「吾」が用いられ、他と強調、区別する際に「我」が用いられる。「予」は「吾」、「我」とは別系統に用いられる。『左傳』、『國語』では「予」に代

---

[9] 董同龢1948に於ける音価は「吾」 ngăg（平）(p.158)、「我」 ngâ（上）(p.184) である。
[10] 黃盛璋1963を参照。また『左傳』に関しては何樂士1984に頗る精細な統計がある。
[11] 同じく黃盛璋1963を参照。

わって「余」が用いられる。

【図表25】により、常用される（『論語』計159例）「吾」、「我」に対して「予」は或る特別の条件のもとに用いられている（『論語』計20例）のではないかということを我々は予想することが可能である。

それではいかなる条件のもとに「予」は用いられているのであろうか。以下その20例をAからEまでの5種に分類して、具体例を二つずつ（1例のみの場合はその1例を）挙げて記述してゆく。

A：他に対する誓い、宣言を発する際に用いる。

（4）夫子矢之曰："予所否者，天厭之，天厭之。"（雍也28）
（先生は誓いをされて「私によくないことがあれば、天が見捨てるであろう、天が見捨てるであろう。」）

（5）天之未喪斯文也，匡人其如予何。（子罕5）
（天がこの文化を滅ぼしていないのに、匡人がいったい私に何ができるであろう。）

4は仲由（子路）の不信感に対して、孔丘が誓いを立てた時の言葉である。5は匡の地で危険に遭遇した時に孔丘が自己の意志を宣言したものである。このように他に対して語調を改めて誓い、宣言を発する際に「予」が用いられている。

B：禮や学問に関する発言の際に用いる。

（6）（7）賜也，女以予爲多學而識之者與。……非也，予一以貫之。（衞靈公3）

（賜よ、君は私を多くを学んでそれぞれ覚えている人間だと思うか。……違う、私は一つのことで貫いているのだ。）

　6、7は孔丘が端木賜（子貢）に対して語調を改めて自己の学問の在り方を説いているところである。このように禮や学問に関して語調を改めて発言する際に「予」用いている。

　C：他人に話しかける時、語調を改めて注意を喚起する際に用いる。

（8）來，予與爾言。（陽貨1）
（さあ、私はそなたと話をしたい。）

　8は自分に仕官したくないということから避けられてしまっていた孔丘に、その陽虎がやっと偶然出会うことができ、孔丘に語調を改めて厳粛な雰囲気を与えつつ話しかけている場面である。このように話しかける際にも語調を改める場合には「予」が用いられている。

　D：人、或いは自己の死に臨んだ際に用いる。

（9）（10）噫、天喪予，天喪予。（先進9）
（ああ、天は私を滅ぼした、天は私を滅ぼした。）

　9、10は孔丘が顔回の死を嘆いた際、日常とは異なる改まった語調で「予」を用いている。このように死という日常とは異なった場面に臨んで語調を改めて「予」を用いている。

　E：伝承の言の中で用いられる。

(11)(12) 人之言曰："予無樂乎爲君，唯其言而樂莫予違也。"（子路15）
（人の言葉に「私は君主であることを楽しむのではなく、ただ物を言った時に私に逆らう者の無いことを楽しむのだ。」とある。）

11、12では古くからのことわざの古めかしい言い方の中に「予」が用いられている。

以上AからEまでを見てみると、この5種に共通することは、「予」の現れる環境は常用される「吾」、「我」と異なり、どちらかと言えば非日常な、語気を改める場面に用いられ、その言明に厳粛さを持たせているということが認められる。Eのことわざも、ことわざは一般的に古めかしい言い方で厳粛さを有しているということから他のAからDまでと同系列と考えてよいであろう。また「吾」、「我」は単・複数の区別なく用いられるのに対し、「予」は単数のみに用いられる。これは第一期の文法事項の一種の残存形態と解釈することが可能である。

以上のことを踏まえて『論語』本文を解釈した場合、「予」を用いるか「吾」、「我」を用いるかによって発話者の微妙な語気の違いを見て取ることができる。ここに例を二つ挙げることにする。

【第1例】
(13) 陽貨欲見孔子、孔子不見。……遇諸塗。謂孔子曰："來，予與爾言。曰……"孔子曰："諾，吾將仕矣。"（陽貨1）
（陽貨は孔子に会いたいと思ったが、孔子は会おうとしなかった。…道でその陽貨に出会ってしまった。陽貨は孔子に言った「さあ、私はそなたと話がしたい。いったい……」孔子は言った「ええ、そのうちに仕えましょう。」）

ここは陽虎に仕える意志のない孔丘が、巧みに彼との会見を避けていた時に、運悪くその陽虎と道で出くわした場面である。陽貨は孔丘に厳粛な雰囲気を与えようと、語調を改めて話しかけていることが見てとれる。それに対

して孔丘は、日常よく用いられ、そのうえ「我」より主語が強調されない「吾」を用いて、自己を強調することなく自然にその問いを受け流しているのである。

【第2例】
(14) 子疾病，子路使門人爲臣。病間曰："……無臣而爲有臣，<u>吾</u>誰欺，欺天乎。且<u>予</u>與其死於臣之手也，無寧死於二三子之手乎。……"(子罕12)
(先生の病気が重かったので、子路は門人達を家臣したてて、最後を立派に飾ろうとした。病気が少し良くなった時に言われた「……家臣もいないのに家臣がいるようなふりをして、わしは誰を騙すのだ、天を騙すのか。そもそも私は家臣の手で死ぬよりも、むしろお前たちの手で死にたいのだ。」)

ここではまず、仲由（子路）の、門人を家臣にしたてるという孔丘の最も忌み嫌う虚栄に孔丘は立腹し、「わしは誰を騙すのだ。」と自己の感情をそのままぶつけている。そして冷静に戻った孔丘は「そもそも私は」と語調を改め、自己の葬礼に関して厳粛にその考えを説いているのである。

このように『論語』本文の解釈に於いて、発話者の微妙な語気の違いを見て取ることができるのである。

3.3.3 結語

以上『論語』をテキストとして、常用される第一人称代名詞「吾」、「我」に対して、「予」がどのような限定された条件のもとに用いられるかを述べてきた。本稿で論じてきたことを纏めて言えば以下の様になる。
先秦時期の第一人称代名詞は、甲骨、西周金文から『尚書』に至るまでは、自己一人に言及する際には「余」（「予」）、「朕」を用い、自己の属する集団に言及する際には「我」を用いる。「余」、「朕」二種の分用の条件は、「余」は主語、目的語として用いられ、「朕」は限定語に用いられるというもので

ある。

　『論語』、『孟子』、『左傳』等に於いては常用される「吾」、「我」二種と、その他に「予」(「余」)も用いられる。「吾」と「我」の分用については、主語としては「吾」、「我」がともに用いられる。限定語としては『論語』では「吾」のみが用いられ、『孟子』、『左傳』等では「吾」、「我」がともに用いられる。目的語としては「我」のみが用いられる。主語、限定語に於ける分用の条件とは、「吾」が通常に用いられるのに対し、「我」は他と強調、区別する際に用いられるということである。また「予」は或る限定された条件のもとに用いられる。

　『荀子』、『韓非子』以降は「吾」、「我」二種のみが用いられる。主語、限定語としては「吾」、「我」がともに用いられ、目的語については「我」のみが用いられる。主語、限定語に於ける分用の条件は、第二期と同じである。

　第二期に於ける「予」の用いられる条件を『論語』をテキストとして見てみると、「予」は通常の用いられ方とは違い、語調を改め厳粛な雰囲気を醸しだす際に用いられる。また「予」は『尚書』等の時期の文法事項の残存形態を残しているため、自己一人に言及する際、即ち「わたくし」という単数を表わす時のみに用いられる。

3. 4
『楚辞』第一人称代名詞の用法から見た上古漢語の方言間による違い

3. 4. 0　議論の前提

　これまで上古漢語文法の研究は『論語』、『孟子』、『禮記』檀弓篇、『莊子』、『荀子』、『韓非子』、『左傳』等のいわゆる散文文献に限られ、韻文である『楚辞』についてはほとんど考察されることはなかった[1]。その理由は：一、有韻の文は押韻などに関連して倒置等の修辞が施されるので統語関係の処理が困難であること、二、有韻の文は後の作品に於いて「擬古」的に模倣されることが多く、厳密な時代から来る違いを確定し難いこと、等である。

　例えばKarlgren1951は上古漢語の方言間による違いをいくつかの項目について初歩的な考察を行い、「上古漢語」を【1】「論－孟－檀」グループ、【2】「墨－莊－荀」グループ、【3】「左－國」グループの三つのグループに分類を試みているが、『楚辞』はその中には含まれていない。

　確かに有韻の文であるということはあるにしても、『楚辞』は古代漢語研究に於いて上古漢語の一部を成す言語の体系を探求していくうえでの、貴重な資料であることは言を俟たない。

　そこで本節では『楚辞』のいくつかの作品から第一人称代名詞の用法に焦点を絞ってデータを取り[2]、それを他の文献と比較することによって、『楚辞』の言語的な特徴と、上古漢語に於ける方言間による違いの一端を示してみたいと思う。

---

[1] 例えば『禮記』檀弓篇は太田1984、『左傳』は何樂士1989を参照。『楚辞』についての文法研究はまず黃盛璋1963に人称代名詞に関する初歩的な数値統計がなされている。また『楚辞』文法研究の専論はわずかに廖序東1964が挙げられるのみである。該論は『楚辞』のうちの「離騷」、「九歌」、「天問」、「九章」の人称代名詞に関して詳しく統計をとっているが、四作品を均質的な資料と考えており、上古漢語の他の文献との比較等の今一歩踏み込んだ考察がなされていない。

[2] 本節で第一人称代名詞をテーマにした理由は、西山1992に於いて纏められているように、先行研究が充実しているので上古漢語の他の文献との比較が容易であること、また「離騷」等に於いて第一人称が頻繁に用いられるので用例が豊富に得られること、などが挙げられる。

3. 4. 1　上古漢語の第一人称代名詞の枠組み

本節では、『楚辭』の第一人称代名詞の体系を記述する前に、上古漢語の第一人称代名詞全体の大まかな枠組みを以下にまず示してみたいと思う。

まず『論語』、『禮記』檀弓篇を1グループ、『墨子』、『孟子』等を1グループ、『左傳』、『國語』等を1グループ、『荀子』、『韓非子』及びそれ以降を1グループとしてその概要を述べたい。

【図表26】上古漢語の第一人称の概要

『論語』等		
主語	吾／我	予
限定語	吾	予
目的語	我	予

『墨子』等		
主語	吾／我	予
限定語	吾／我	予
目的語	我	予

『左傳』等		
主語	吾／我	余
限定語	吾／我	余
目的語	我	余

『荀子』及びそれ以降	
主語	吾／我
限定語	吾／我
目的語	我

『論語』、『禮記』檀弓篇のグループに於いては「吾」、「我」が常用され、別系統で「予」が用いられる。

「吾」、「我」の分用は、主格に於いては通常では「吾」、特に他と強調、区別する際に「我」が用いられる。限定語としては「吾」のみが用いられる。目的語としては「我」のみが用いられる。

「予」は三つの格総てに用いられ、特に語調を改め厳粛な雰囲気を表わす際に用いられる。また「予」は単数のみに用いられる。

『墨子』、『孟子』等のグループは『論語』、『禮記』檀弓篇の体系に加えて、限定語としても通常では「吾」、特に他と強調、区別する際には「我」が用いられるようになる。

『左傳』、『國語』等のグループでは基本的には『墨子』、『孟子』等の時期と同じであるが、「予」の代わりに「余」が用いられる。

『荀子』、『韓非子』及びそれ以降に於いては、「予」(或いは「余」)の系統は消滅し、「吾」、「我」のみが用いられるようになる。そしてこの体系は基本的にはおよそ漢魏六朝まで続く。

3. 4. 2 『楚辭』の第一人称代名詞の体系

前項では上古漢語に於ける第一人称代名詞のおおまかな体系を見てみた。本項では『楚辭』の体系を具体的に調査したもので示し、それが上古漢語の他の文献と如何なる違いがあるのか論じてみたい。

それではまず『楚辭』の作品群の中で比較的早い時期に作られたと考えられる[3]「離騒」、「九歌」、「天問」、「九章」の 4 作品に於ける第一人称代名詞の統計数値を以下に示す。

---

[3] 本節では作品が誰によって作られたか (例えば屈原、宋玉、その他の人物) は問題としない。ただ大まかに楚の地方で或る早い時期に作られた作品群という理解で論じることとする。なおこの問題については岡村1966に詳細な考証がある。

【図表27】『楚辭』作品の第一人称代名詞の使用状況

	余	予	朕	吾	我	計
離	51	4	4	26	2	87
歌	15	7	0	5	2	29
天	1	0	0	2	1	4
章	25	0	2	31	4	62
総計	92	11	6	64	9	182

総計192例のうち「離騒」の87例が最も多く、「九章」に62例、「九歌」に29例、「天問」に4例認められる。

次に各作品に於ける第一人称の詳しい使用状況を以下に述べる。

3. 4. 2. 1 「離騒」

【図表28】「離騒」の第一人称代名詞の使用状況

主語	吾23	余16
限定語	朕4／吾1	余21
目的語	我2／吾2／予4	余14

この図表には補足説明すべき点が幾つかある。

まず限定語の「吾」の1例であるが、それは以下の如きである。

（1）退將復脩吾初服。（「離騒」p. 17）
（退いてまた自分の元々の服を繕い修める。）

ここの「吾」は限定語と考えるべきである。しかしこれはおそらく伝写の

過程によって生じた一種の破格であり、例外として処理してよいと思われる。
　次に目的語の「吾」の2例であるが、以下の如きである。

（2）恐年歳之不吾與。(「離騒」p. 6)
（年月が私を待ってくれないことを畏れる。）
（3）不吾知其亦已兮，(「離騒」p. 17)
（私を知らないとしてもどうしようもない、）

　ここは目的語の例であるが、所謂「否定倒置」というものである。「吾」を「否定倒置」の時にだけ目的語として使う例は『論語』等にもあり[4]、ここは一種の特殊用法と解釈してよいと思われる。
　次に「朕」は4例ある。ここでは2例を挙げる。

（4）朕皇考曰伯庸。(「離騒」p. 3)
（私の亡き父を伯庸という。）
（5）回朕車以復路兮，(「離騒」p. 16)
（私の車の向きを変えて道を引き返そう、）

　この「朕」の4例は全て限定語として用いられ、その用法は基本的には「余」の限定語の21例と同じであるが、特に厳粛な雰囲気を醸し出す際（「朕皇考」）、代名詞の重複を避ける際（「朕車」と「余馬」）などに用いられている。【図表17】の如く「九歌」、「九章」等では用いられなくなっていることから考えても、恐らくこの頃には「朕」の使用は衰退しており、ごく限られた条件においてのみ用いられたのではなかったかと思われる。
　またここで大いに注目すべきは目的格に於ける「我／予」と「余」の分用である。その用例を以下に挙げる。

---

[4] 西山1992bを参照。

まず「我／予」の用法である。それぞれ2例ずつ挙げる。

（6）恐高辛之先我。（「離騒」p. 34）
（高辛が私に先んじたことを恐れる。）
（7）國無人莫我知兮，（「離騒」p. 47）
（国には私を知るものがいない、）

（8）申申其詈予。（「離騒」p. 19）
（やんわりと私を諫める。）
（9）夫何煢獨而不予聽。（「離騒」p. 20）
（どうして一人となって私の言うことを聞かないのか。）

ここで明らかなことは、「我／予」は否定倒置や「兮」字前を含めて所謂「句末」にのみ用いられるということである[5]。

これに対して「余」の用例は14例である。以下そのうちの2例を挙げる。

（10）皇覽揆余初度兮，（「離騒」p. 4）
（父は私に始めの様子をよくご覧になって、）
（11）肇錫余以嘉名。（「離騒」p. 4）
（初めて私にめでたい名前を下さった。）

上掲の例に於いて目的格の「余」は全て「句中」に用いられている。
従来の上古漢語研究では「余」と「予」は同一語の別表記であり、文献の違いによって補完関係を成していると考えられてきた。それは以下の如くで

---

[5]「我」と「予」の分用は押韻や直前字との諧韻によるものである。即ち「先我」は前聯の「不可」に対して、「莫我知」は「我」が「莫」に対して、「詈予」は後聯の「羽之野」に対して、「不予聽」は「予」が「不」に対してそれぞれ用いられている。

ある。

【図表29】

	「上古漢語」
「余」を用いる：	『左傳』　『國語』
「予」を用いる：	『論語』　『墨子』

　ところが「離騒」に於いては「余」は「句中」に用いられ、「予」は「句末」に用いられるという補完関係を成している。よって「離騒」(後述の「九歌」も同様)に於いては「余」と「予」は同一語ではあり得ない。だとすればこの二語の音価は異なっていなければならない。同じく「句末」に用いられる「我」が「上聲」であることから考えて、恐らく「余」が「平聲」で読まれていたのに対し、「予」は「上聲」に読まれていたのではないかと推測する[6]。

　また『論語』等の「上古漢語」の文献では「吾」と「我」は主語と限定語に於いて或る一定の条件のもとに分用されているが、「離騒」等では「吾」は主語に、「我」は目的語にそれぞれ用いられることも分かる。

　最後に「余」の主語の16例と「吾」の主語の23例の分用については、その区別のあり方は不明である。「離騒」に於いてはこの二語はともに常用されており、なんらかの語用上の区別が有って然るべきであり、全くの同一語

---

[6] 「余」が句中、「予」が句末という分用については従来指摘されることはなかったが、「余」が平聲、「予」が上聲に読まれていたのではないかということについては廖序東1964に夙に指摘がある。

として分用が意識されることなくただ混用されていたとは考え難い。
　筆者の観察し得たことは、次の二点である。まず「吾」に於いては「將」、「令」の二語が頻繁に後続するが、「余」には「將」、「令」の二語が後続する例は1例も無い。「吾」は「將」が7例、「令」6例である。以下2例ずつ挙げる。

(12)　願竢時乎吾將刈。(「離騷」p. 11)
（時を待って私はそれを刈り取ろうと乞い願った。）
(13)　延佇乎吾將反。(「離騷」p. 16)
（久しく立ち止まった後、私は帰ろうと考えた。）

(14)　吾令羲和弭節兮,(「離騷」p. 27)
（私は羲和に命じて車の速度を緩めさせ、）
(15)　吾令鳳鳥飛騰兮,(「離騷」p. 29)
（私は鳳凰を飛び上がらせ、）

　「吾」に於いて「將」、「令」の二語が頻繁に後続することの意は、「吾」は動作の主体(agent)としての意識が強い場合に用いられるのではないかと私は推測する。
　二点目は「余」には描写性の強い雙聲疊韻の二字熟語が用いられることである。以下の2例がそれである。

(16)　忳鬱邑余侘傺兮,(「離騷」p. 15)
（心は鬱々として私は立ち止まり、）
(17)　曾歔欷余鬱邑兮,(「離騷」p. 25)
（またさらに啜り泣いて私は憂いに沈んで、）

　「余」に於いて描写性の強い二字熟語が用いられるのは、「余」が用いら

れる時には主語が特に談話の主題（theme）として意識される場合に用いられるのではないかと推測される[7]。

　以上主語に於ける「吾」と「余」の分用について述べてきた。ここまで述べてきた第一人称の体系を纏めると以下のようになる。

【図表30】「離騒」の第一人称代名詞の体系

主語	吾	余
限定語	朕	余
目的語	我／予	余

・主語としては、主語が動作の主体と意識され用いられる際には「吾」が用いられ、主語が談話の主題と意識され用いられる際には「余」が用いられる。
・限定語としては、基本的には「余」が用いられるが、特に厳粛な雰囲気を醸し出す際や代名詞の重複を避ける際「朕」が用いられる。
・目的語としては、句中に於いては「余」が用いられ、句末に於いては「予／我」が用いられる。

3. 4. 2. 2 「九歌」

【図表31】「九歌」の第一人称の使用状況

主語	吾 4	余 1
限定語	吾 1	余 11
目的語	我 2／予 6	余 4

「九歌」に於ける体系は、基本的には「離騒」と同じである。いくつか補足

---

[7] 'subject' と 'topic' については Li and Thompson 1981、pp. 15-16 を参照。

すべき点がある。
　まず「吾」の限定語の1例である。

(18) 照吾檻兮扶桑。(「九歌」東君 p. 74)
(扶桑にてわが欄干を照らす。)

　ここの「吾」は伝写の過程によって生じた破格か、あるいは次の句の「余馬」に対して代名詞の重複を避けたかのどちらかと思われる。
　次に目的語に於ける「余」と「我／予」の分用である。「余」が3例、「予」が7例、「我」2例である。ここでは2例ずつ挙げる。

(19) 女嬋媛兮爲余太息。(「九歌」湘君 p. 61)
(侍女は思い悩んで私のためにため息をついた。)
(20) 忽獨與余兮目成。(「九歌」少司命 p. 72)
(たちまち一人が私に対して目くばせをする。)

(21) 目眇眇兮愁予。(「九歌」湘夫人 p. 65)
(目は遙か遠くを見ていて私を悲しませるのである。)
(22) 聞佳人兮召予, (「九歌」p. 66)
(かの佳人が私を召すと聞いて、)

(23) 君思我兮不得閒。(「九歌」山鬼 p. 81)
(あなたは私を思っても来る暇がないのであろう。)
(24) 君思我兮然疑作。(「九歌」山鬼 p. 81)
(あなたは私を思って惑いが起こったのであろう。)

　この「余」は句中、「我／予」は「兮」字前を含めた句末、という分用は20「忽獨與余兮目成」に於いて一見適合しないように見える。が、該句の意

味は「たちまち私に対して目くばせをする」であり、「兮」字をはさんで一つの句で「前置詞＋目的語＋'兮'＋動詞」と一つの動詞フレーズを成している。それに対して例えば「君思我兮不得間」に於いては「主語＋動詞＋目的語＋'兮'＋副詞＋動詞＋目的語」と「兮」字をはさんで二つの動詞フレーズを成している[8]。換言すれば「忽獨與余兮目成」はこの一句で構造の切れ目が有り、「君思我兮不得間」は「君思我」と「不得間」それぞれに構造の切れ目が有るのである。よって「余」は句中、「我／予」は句末、という分用はここに於いても適用されるのである。

また「朕」は「九歌」の時期に於いては既に消滅しており、一例も認められない。

以上を要するに、「九歌」の第一人称代名詞の体系は、基本的には「離騷」と同じであるが、「離騷」よりやや時期が遅れる為か、「朕」の語用は失われている。

3. 4. 2. 3 「天問」

【図表32】「天問」の第一人称の使用状況

主語	吾 1／我 1
限定語	吾 1
目的語	余 1

「天問」に於いて第一人称代名詞は以下の四例のみである。

(25) 我又何言。(「天問」p. 117)

---

[8] 「子慕予兮善窈窕」（貴方は私がとても美しいのを慕ってくださった）は「動詞1＋兼語＋動詞2」の所謂「兼語式」であるが、「兼語式」は本質的には「(動詞1＋目的語)＋動詞2」の所謂「連動式」の一種に過ぎない。よって「予」の後に構造の切れ目が有ると考えてよい。「兼語式」は「連動式」の一種に過ぎないことについては朱德熙1985、p. 56-57 を参照。

(私はまた何を言ったのだろうか。)
(26) 吾告堵敖以不長。(「天問」p. 118)
(私は堵敖にもう長くはないだろうと告げた。)
(27) 何踐吾期。(「天問」p. 109)
(どうして我々の約束の日が実践されたか。)
(28) 久余是勝。(「天問」p. 117)
(久しくわが国に勝った。)

　「天問」の第一人称代名詞は、用例があまりに少ない上に、「我又何言」では「我」字に版本の異同が有ることもあり、ここから妥当な判断は下し難い。ただ以下の如く推測することは可能であろう。
　「我又何言」と「久余是勝」の二例は「悟過改更、我又何言。吳光爭國、久余是勝。」(過ちを悟って改めたところで、我々はいったい何を言えばよかったのであろう。呉王闔閭は国を争って、久しく我々に勝利した。)の一段に現れるが、ここの「我」と「余」の語用はこれまで述べてきた「離騷」或いは「九歌」(及び後述の「九章」、「九辯」も含めて)に於ける「我」と「余」のものとは明らかに違う。即ち「我」は「天問」に於いては主語として用いられているが、「離騷」等に於いては前述の如く目的語としてしか用いられない。また「余」に於いても「天問」の用例の如き「代名詞＋是（之）＋動詞」という前置構造で示される目的語は「離騷」、「九歌」、「九章」、「九辯」には一例も無い。この四例だけに限って言えば「天問」の語用は寧ろ『左傳』、『國語』等に類似する。

3. 4. 2. 4 「九章」

【図表33】「九章」の第一人称の使用状況

主語	吾 18	余 8
限定語	吾 8／朕 2	余 12
目的語	吾 5／我 4	余 5

　「九章」に於ける第一人称代名詞の体系は基本的には【図表30】に示された「離騒」の体系と一致するが、「離騒」で規則的だった代名詞の分用に於いてその幾つかの原則が守られない場合が有る。
　まず上述の「余」と「吾」の分用であるが、「離騒」、「九歌」では見られなかった「余」に後続する「將」の用例が一1例だけ見られる。以下の如くである。

(29) 余將董道而不豫兮，（「九章」渉江 p. 131 ）
（私は道を守ってためらうまい、）

　この一例は「吾」が後に「余」に誤った可能性もあるが、一応原則に外れるものとしてここに挙げておく。
　次に「離騒」、「九歌」ではそれぞれ1例ずつの破格としてのみ現れる「吾」の限定語の例が「九章」では7例存在する。2例を挙げる。

(30) 吾誼先君而後身兮，（「九章」惜誦 p. 122)
（私の主張は君を先にして我が身を後にする。）
(31) 迷不知吾所如。（「九章渉江」 p. 130)
（自分の行く所がわからなくなった。）

これらの例は破格と見做すことは不可能であり、「九章」は「離騒」とやや異なる体系を持つと考える方が妥当であろう。詳しくは後述する。
　また「離騒」、「九歌」に於いて厳密に守られていた、目的語に於いては句中では「余」、句末には「予／我」という原則に外れる例が多い。以下の如くである。

(32) 退靜然而莫余知兮，（「九章」惜誦 p. 124)
（退いて沈黙すれば私を知る者もいないし、）
(33) 世溷濁而莫余知兮，（「九章」渉江 p. 128)
（世は乱れ濁って私を知る者はいない、）

(34) 昔君與我誠言兮，（「九章」抽思 p. 137)
（昔あなたは私と約束をした、）
(35) 造父爲我操之。（「九章」思美人 p. 147)
（造父は私のために手綱を操る。）

(36) 憍吾以其美好兮，（「九章」抽思 p. 138)
（私に自分の美しさを誇り、）
(37) 憍吾以其美好兮，（「九章」抽思 p. 139)
（私に自分の美しさを誇り、）

　まず「余」の例はともに否定倒置の句末であり、本来ならば「予／我」が来るべきところである。これは「九章」に「予」が全く用いられないことにも関連すると思われる。また「我」の例は全て前置詞の目的語であるが、これも「余」が来るべきところである。また「吾」は否定倒置という特殊な時にのみ目的語として用いられるところを、上掲の二例は一般の平叙文に於いて目的語で用いている。
　さて、以上挙げた「離騒」の代名詞の体系に外れる例をどのように考える

かであるが、私は以下の如く解釈する。

　「九章」はその構成の違いなどから「哀郢」を始めとする「渉江」、「抽思」、「懐沙」の前期作品と、後期作品と言える「惜誦」、「思美人」、「惜往日」、「橘頌」、「悲回風」の後期作品に分かれると言われている。そのことを踏まえて15例の例外を見てみると、そのうち12例までが前期作品の中に含まれていることがわかる。残りの3例のうち例32「惜誦」の「退靜然而莫余知兮，」と例35「思美人」の「造父爲我操之。」の2例は、伝写の過程に生じた破格と説明することができ、30「惜誦」の「吾誼先君而後身兮，」は、「私は主君を第一としてわが身を後にするのをその主張としたが、」と「吾」を主語とすることも可能である。

　以上2例の例外を孕みながらも、大まかに以下のように纏めることが可能である。即ち比較的厳格な体系の言語の担い手である「離騒」の作者がおり、また一方で比較的緩やかな体系の言語の担い手である「九章」前期作品の作者が存在した。「九章」後期作品は「離騒」の表現を模倣する作者によって「離騒」の体系に準ずるものを作り上げていった。「九歌」も同じく「離騒」の表現を模倣する作者によって「離騒」の体系に準ずることとなった。

3. 4. 3　結語

　以上の論述に於いて二つの事項が考察された。
まず第一には『楚辭』作品内部の違いである。その違いを「離騒」を中心に図式化すると以下のようになる。

【図表34】

九章　←　　　　　　　　離騒　　→　天問
（「九章」前期作品　　　　　　　　　（「離騒」と別系統）
には「離騒」と異
なる部分が有るが
後期作品は「離騒」
とほぼ同じ）　　　（「離騒」とほぼ同じ）
　　　　　　　　　　　　↓
　　　　　　　　　　　九歌

　「天問」の体系は「離騒」のものと全く別系統なので、その違いが地域差によるものなのか時代差なのかの判断は難しい。
　「九歌」の体系と「離騒」の体系は殆ど同じと考えてよい。「離騒」ではごく少数で用いられていた「朕」が「九歌」では全く用いられなくなったのは、それが時代的な違いに因るものであろうと思われる。
　「九章」前期作品と「離騒」との体系には異なる部分が有る。それについては前項で述べた如く、恐らくやや異なった（一方は緩やかで他方は厳格な）二つの体系の言語の担い手がそれぞれ別個に存在したからであろうと思われる。「九章」後期作品と「離騒」とはほぼ同じ体系である。
　第二には「離騒」を中心とする「南方方言」と「北方方言」との違いである。その違いとは即ち、
　・「北方方言」では文献の違いによって「余」（『左傳』、『國語』）、「予」（『論語』、『墨子』等）の二種が補完関係を成している（「商周漢語」に於いても「余」を用いる甲骨金文と「予」を用いる『書經』に分かれる）。ところが「離騒」等では同一文献上の目的語として、「句中」には「余」、「句末」には「予」が用いられる。
　・「北方方言」で「吾」と「我」は主語と限定語に於いて或る一定の条件のもとに分用されているが、「離騒」等では「吾」は主語として、「我」は目的語として、それぞれ用いられる。
　・「北方方言」では主語としては通常は「吾」、特に語調を改め厳粛な雰囲

気を表わす際に「予」(或いは「余」)を用いるが、「離騒」等では主語が動作の主体と意識され用いられる際には「吾」が、主語が談話の主題と意識される際には「余」が用いられる、の三点である。

　この違いは恐らく方言間によるものであろう。ただしこれはあくまでもそれぞれの地域の文芸作品におけるそれであって、実用の文献においてはおそらくさほどの違いは認められないと私は推測する。曾て北方方言の担い手である鄒の孟軻は楚の人間を、

南蠻鴃舌之人（『孟子』滕文公上5－4）
（南の野蛮なもずのような喋り方をする人）

と酷評した。しかしこの場合実際にあったのはおそらく発音上の違いであって、実際の対話における用法上の違いは、この作品ほどは無かったと考えられる。

　だとすれば「句中」には「余」、「句末」には「予／我」という使い分けは、『楚辞』作品が韻文であることによる所謂「文体の差」というものがあるのかも知れない。今後改めて考察する必要が有る。

3.5 『遊仙窟』における主人公の呼称

3.5.0 議論の前提

3.5.0.1 『遊仙窟』の時期区分

　漢語をどのように時期区分するかについては、細かく見ればそれぞれの文法事項によって異なるであろう。例えば私は「古代漢語」の指示詞の指示認識のあり方に関しては、西山2001において次のように述べた；「上古漢語」の指示詞では、近称「此」・中称「是」と下位区分された指示詞の体系が、次の段階では「此」という近称のみによるものとなる；そしてその変化は六朝時期に求められ、それが「上古漢語」の次の時期の「中古漢語」に相当する、と。そしてそれが次の「近世漢語」において新しい「這」といった体系になることについても多くの先行研究がある[1]。

　同様に人称代名詞を時期区分するとすれば、また違った様相を見せることになる。

　中国では、漢語の人称代名詞に時期的な変化は殆どなく、「近世漢語」の中の「早期白話」にあたる敦煌変文においてほぼ「我」という人称代名詞に収束したと考えるのが一般的である[2]。

　ところでそこで問題になってくるのは、ではより具体的にどの文献までが古代漢語と呼ぶことができ、どういった文献から「早期白話」と認めることが可能か、ということである。

---

[1] 例えば太田1958、p.121において中唐王建の詩が挙げられているが、それが初出の一例と考えてよかろう。
[2] 敦煌文書も厳密にいえば六朝から北宋までいろいろなものが見られると考えられるが、特に変文についてはおもに唐代のものと考えてよかろう。私は西山2006において早期白話における疑問代名詞の変遷について述べたことがある。この問題については別の機会に詳しく論じたい。なお敦煌変文の当該項目については呉福祥1996、pp.1-3が詳しい。

それについて中国大陸では『近代漢語語法資料彙編』シリーズ（唐五代巻・宋代巻・元代明代巻）において、『遊仙窟』を巻頭に置いていることは周知の事実である。この文献については中国においては夙に散逸してしまったが、日本においては例えば『万葉集』において実際に該書を「遊仙窟曰」と明記しており、また『遊仙窟』の写本が現在日本の二か所に収められているということから考えても、それが重視されてきたということがよくわかる。

その散逸したとされる『遊仙窟』が近代中国において一般に知られるようになったのは、汪辟疆校録『唐人小説』の出版の成果に因る所が大であると思われるが、しかし『唐人小説』という書物は文字通り唐代の小説を集めたものであり、いわゆる「近世漢語」の嚆矢として『遊仙窟』が成立したというわけではない。

3. 5. 0. 2 「人称詞」の適用

よって本節では『遊仙窟』という作品において人称代名詞が実際どのように用いられているかということについて見てみることにしたい。

ところでこの作品がもし中国で言われているような「近世漢語」ではなく「古代漢語」であると仮定したら、問題となってくることがある。それは人称というものが単に人称代名詞によってのみ表わされるのか、ということである。

このことは人称が文法形式と連動する西洋の言語では顕著であるが、中国においても例えば「現代漢語」等においてはほぼ同様の特徴が見られる[3]。

一方「古代漢語」において事情は同じではない。「古代漢語」では日本語や朝鮮語と同様、人称の表し方はたいへん複雑で、「人称」を表す言葉である名詞に由来する「人称詞」というものによる「臣」・「足下」等の表現方法

---

[3] 例えば現代漢語では、第一人称を表す際には特殊な状況を除いて「我」という代名詞を用いるのが一般的である。厳密に言えば「現代漢語」においても「本人」等の第一人称が見られるがここでは論じない。

がある[4]。そうなってくると問題として浮かび上がってくるのは、では『遊仙窟』においてはどのような状況なのであろうか、ということである。そこで本節では、『遊仙窟』における「人称詞」という、「人称代名詞」に比してより広い概念に基づく表現について、論じることにしたいと考えるのである。

　この『遊仙窟』という作品は、張文成という主人公に十娘・五嫂といった人物が絡んでくる物語である。論の整合性から考えれば全ての人物について論証していくべきであるが、紙幅の制限等もあることから、今回はその第一段として、主人公である張文成に視点を当てて論じることにしたい。

3.5.1　作品とテキスト

3.5.1.1　作品

　この作品はタイトルを直訳すれば「仙窟に遊んだ」物語である。具体的にはどのような内容が描かれているかについてはここでは触れない[5]。

　作品自体はおそらく七世紀後半に書かれたものだと言われているが、現在残っているものはおそらくそれよりかなり後のものだと思われる。前に述べたように『万葉集』巻五「沈痾自哀文」において山上憶良が『遊仙窟』を引用している部分があることから、『遊仙窟』作品自体の成立は733年以前とするのが定説である。そのこと自体は私も同意するが、しかし現存する作品『遊仙窟』がその八世紀前半のものと全く同じものであるという保証はない。幾度かの改定を経て十四世紀前半に日本において書写されたものが、現在残っていると考えるのが実状に沿った解釈ではないだろうか[6]。

---

[4] 「古代漢語」の「人称詞」については西山1996を参照のこと。後に詳しく論じる。
[5] 具体的な内容については前野・尾上他1965, pp., .260-261が示唆に富んだ指摘をしている。
[6] 詳細は今村1990, p.322を参照のこと。

3. 5. 1. 2　テキスト

　テキストは確かに古いものが貴重であることは言うまでもないが、特に写本には誤字・脱字・衍字が多いことは例えば出土資料等を見ても明らかである、即ち本文の誤字・脱字・衍字の訂正が必須ということである。今回は『近代漢語語法資料彙編』本を底本とし、『唐人小説』本や古写本・日本江戸刊本等を適宜参照することにする。

3. 5. 1. 3　挙例の方法

　挙例の方法は鈴木1973の自称詞・対称詞・他称詞の考え方に基づき、以下の様に設定する。

・自称詞　張文成が自身をどのように呼んでいるか、を表す言葉
・対称詞　他の登場人物が張文成をどのように呼んでいるか、を表す言葉
・他称詞　他の登場人物が張文成を第三者としてどのように呼んでいるか、を表す言葉

3. 5. 2　用例の分析

3. 5. 2. 1　自称詞

　この物語は張文成自身が「語り手」となって自らの口によって「仙窟」の様子を語るといういわゆる「一人称小説」であり、こういった「一人称」が語り手となって語る手法は、中国では例えば司馬遷『史記』のいわゆる「賛」の部分等にも見られる伝統的なものである[7]。

---

[7] 例えば『史記』巻八十四「屈原賈生列伝」(p. 2503) では「太史公曰」として司馬遷が長沙に赴いた時のことが記録されている。また司馬談司馬遷父子の自称としては「余」が用いられるが、

そこで自身をどう呼ぶかについては、大きく分けて二種ある：一つは「人称代名詞」であり、もう一つは名詞を用いた「自称詞」である。

3. 5. 2. 1. 1　一人称代名詞

まずは「人称代名詞」を見てみたい。「第一人称代名詞」として今回得られた語彙は「我」・「余」・「僕」の三種である。
「我」は「古代漢語」ではごく一般的に用いられる語彙であるが、該書には1例しか見られない。その例を挙げる。

（1）一雙臂腕，切我肝腸；(p. 7)
（一組の腕は、私のはらわたを断ち；）

この1例でも明白なように、この作品は基本的に六朝以来の「駢文体」で書かれている。この部分も「臂腕」と「肝腸」とが一種の「対」となって表現されているのである。
　次に「余」がこの作品の主な「人称代名詞」となっている。これは「古代漢語」の全ての時期において最もよく使用されている語彙で、該書においても同様である。ただいくぶんフォーマルなニュアンスを伴うようである。全て25例ある。ここでは2例を挙げる。

（2）余乃端仰一心，潔齋三日。(p. 1)
（私はそこで一心に仰ぎ求め、三日の間斎戒沐浴した。）
（3）余讀詩訖，舉頭門中，(p. 2)
（私は詩を読み終わって、頭を挙げて門の中を見ると、）
　該書にはさらに一つ語彙がある、それは「僕」である。この語彙の初出は

このことについては夙に漆権1984 p. 172に指摘がある。

前漢『史記』あたりからのようで、謙遜のニュアンスを伴うものであり、該書においても23例と頻出する。2例を挙げる。

（4）僕從汧隴，奉使河源。(p. 1)
（私は汧隴から、河源へと使い赴いていた。）
（5）僕近來患手，筆墨未調。(p. 6)
（私はこの頃手が震えて、墨がうまく紙に染み込まないのです。）

特に例（5）は登場人物十娘への主人公張文成の言葉で、このような言い方がごく一般的であったことがわかる。

3. 5. 2. 1. 2　名詞を用いた自称詞

しかしこの作品で最もよく使われる主人公の自らを表す語彙は、人称代名詞ではなく名詞を用いた自称詞である。
最もよく使用される語彙は「下官」である。この語彙は該書には最も多く70例ある。2例挙げる。

（6）下官是客，觸事卑微，(p. 1)
（私は旅の身で、触るものはすべて卑しいという具合でして、）
（7）須臾之間，有一婢名琴心，亦有姿首，到下官處，(p. 8)
（まもなく、琴心という女婢、器量が良かったが、私のところにやってきて、）

この作品ではこの語彙の発話者はすべて張文成であり、本来は例（6）のように他の人物に対しての使用が原則であるが、例（7）のように作品の語り手としてもこの語彙を多く用いている。このことはこの語彙が本来の仕官している者の謙称から広く自称として用いられるようになったことの証左となり得る。

次にこの作品をつぶさに読んでいくともう一つ張文成の「自称詞」が存在することが分かる。それは「少府」という語彙である。
　この「少府」はもともと「県尉」の別称であったが、ここでは「お客様」のような意味の言葉である。
　詳しくは次節で述べるが、この語彙はもともとはお客様に対する「対称詞」である。しかしこの作品では語り手の自称として用いられることもいくつかあるのである。
　「少府」或いは「少府公」は全て32例であるがそのうち6例は張文成の自称であると私は考える。2例を挙げる。

（8）遂引少府升階。(p. 5)
（こうして少府さまを案内して階段を上がったのである。）
（9）十娘共少府語話[8]，(p. 5)
（十娘は少府さまと話をしていた、）

　この2例では作者は実際には、主人公ではなく語り手の視点として、「少府」という語彙を用いていると思われる。第一人称小説においてこういった視点の多様化を考えていくことは、後の文献の系統を見ていく上でも大変興味深いことである。

3. 5. 2. 2　対称詞

3. 5. 2. 2. 1　二人称代名詞

　「人称代名詞」は特に二人称に関する表現はあまり多くない。それは「古代漢語」全般に言えることで、この作品においても同様である[9]。

---

[8] 写本の一つではこの後に「片時」と続くがこの部分はおそらくは衍字。
[9] 「爾」・「汝」は、『孟子』「盡心下」(31, p. 1008) に「人能充無受爾汝之實，無所往而不為義也。」

該書には「人称代名詞」としては「君」という語彙だけである。
「君」という語彙全体の用例は、計16例であるが、この語彙は張文成が五嫂や十娘に対して用いた場合もあり、主人公に対しての用例は10例である。今回は五嫂と十娘の詠んだ例を1例ずつ計2例挙げる。

(10) 承聞欲采摘, 若箇動君心？ (p. 8)
(お摘みなりたいと聞きましたが、いったいどのように貴方のお心を動かしたのでしょうか。)
(11) 但令翅羽為人生, 會些高飛共君去。(p. 23)
(なんとかして私に羽が生えてくれないでしょうか、そうすればきっと高く飛んで貴方と一緒に飛び去れるはず。)

この2例を見れば分かるように、ここでの「君」の用法は全て五言或いは七言の詩句からのものである。ということはこれらの用例は全て韻文のものであり、実際の会話ではなく状況を詩に詠んだもの、と解釈すべきものであろう[10]。

3. 5. 2. 2. 2　名詞を用いた対称詞

実際主人公に対してもっともよく使用されている対称詞は次の「少府」・「少府公」である。

この語彙はさきほども述べたように二人称だけではなく、作品の語り手の自称としても用いられるが、基本的な用法は相手に対するものである。該書には26例ある。ここでは十娘の1例、五嫂1例の計2例を挙げる。

(人は「爾」・「汝」といった呼び捨てをされるようなことのないような行いを積み重ねていけば、何をやっても義に適うようになる。)とあるように、目上の人物には用いられなかった。
[10] 詩歌であるから用例における「君」は主人公張文成と特定できるものではなく、句中の「貴方」といった程度の意味で用いられていることが分かる。

(12) <u>少府</u>不因行使，豈肯相過？（p. 4）
（少府さまはお役目に因らなければ、どうしてお立ち寄りになれましょうか？）
(13) <u>少府公</u>乃是仙才，本非凡俗。（p. 6）
（少府さまこそは仙人の才がおありの方で、凡俗の者とは違います。）

　例(13)は「少府公」であるが意味は「少府」とほぼ同じで「お客様」をより丁寧に呼んだものであろう。
　その他「お客様」という意味で呼んだものとしては「上客」が2例ある。以下の如くである。

(14) 不知<u>上客</u>從何而至？（p. 4）
（お客様はどこからお出ででしょうか？）
(15) <u>上客</u>見任何官？（p. 4）
（お客様はどういったお勤めをしてらっしゃいますか？）

この語彙は文字通り「お客様」といった意味である。ただこれが用いられているのは二人が初めて会ったこの場面だけで、張文成の素性が明らかになってからは「少府」と呼び方を変えている。
　次によく使用される語彙は、「張文成」という人名そのものを使用したものである。ただし十娘たちが張文成に向かって直接「張文成」と呼ぶのはこういった場面ではたいへん失礼で、この場合は「張郎」（張さま）と呼ぶことになっている。計15例で、ここでは2例を挙げる。

(16) 只畏<u>張郎</u>不能禁此事。（p. 5）
（張さまそれが辛抱できないんじゃないかと心配してたわ。）
(17) <u>張郎</u>門下賤客，必不肯先提，（p. 6）
（張さまはよそから来た卑しいお客さんですもの、先に杯を取る必要なんか

なくってよ、)

　「張郎」という語彙はこの2例を見ても分かるように、正式な語彙「少府」などとは違い、親しみを込めた、或いは相手をいくぶんからかったニュアンスを持つ語彙である。
　さらに対称を表す語彙としては張文成の字「文成」がある[11]。
　この例は1例のみで、以下の如くである。

(18) 自恨無機杼，何日見<u>文成</u>？ (p. 6)
(恨めしいことに機織りの杼［ひ］がないのに、いつになったら綾織りが見られよう？)

　ここは登場人物十娘の小名「瓊英」を詠んだ張文成の詩に対する十娘の返しの詩で、機織りを「張文成」の字「文成」に掛けて詠んだものである。だとすればこの例は詩句であり、厳密な意味での対称とは言い難いものである。

3. 5. 2. 3　他称詞

3. 5. 2. 3. 1　三人称代名詞

　古代漢語には一般的には第三人称代名詞はなく、名詞を繰り返すと言われている。しかし実際には一部の文献には第三人称代名詞と考えられる例文もあり、おそらくは個別の例文に現れる、といった状況ではないかと推測される[12]。
　『遊仙窟』においても状況は同じで、二つの第三人称代名詞を認めることができる；即ち一方は「渠」であり、他方は「他」である。

---

[11] 「文成」は「張鷟」の字というのが定説であるが、『遊仙窟』そのもの読んだ限りにおいてはそれに対する確証はない。
[12] 詳細については魏培泉 2004, p. 27 を参照のこと。

「渠」はもともと「其」と系統を同じくする語彙で、広東語の「佢」なども同源である、と言われることもある。その当否は別にして、該書には「渠」そのものは20例認められるが、主人公を描写したものとしては7例存在する。2例を挙げる。

(19) 天生素面能留客，發意關情并在渠。(p. 7)
(生まれながらの白い面はよくお客様を引き留め、心を開かせ気を引くのもすべてあの方のため。)
(20) 女人羞自嫁，方便待渠招。(p. 21)
(女は自ら嫁いで来るのは恥ずかしく、あの方が招いてくださるのを待っているのです。)

この二つの例から分かることが二つある；一つは全て詩句の一部分であること、もう一つは客観的な「彼」ではなく感情的な色彩のある「あの方」というべき言葉である、ということである[13]。

次に「他」であるが、元来この言葉は「ほか」或いは「ほかの人」を表す用法が古代漢語では一般的である。しかしこの作品においては全17例中そのような伝統的な用法は2例しか見られない。他の15例は全て「特定の人や物」などを表すものである[14]。そのうち9例は主人公を指している。2例を挙げる。

(21) 自隱多姿則，欺他獨自眠。(p. 2)
(いくらご自分がお綺麗であると思ったにせよ、人が一人で眠っているのを

---

[13] 唯一例(20)だけが一見「五嫂曰：女人羞自嫁，方便待渠招。」とそれだけで会話が完結しているように見える。しかしこれも五言詩の二句のみを取り出して用いたいわゆる決まり文句の類と考える方が「渠」の用法を考えるとより効果的であると私は考える。
[14] 該書には「舊來心肚熱，無端強熨他。」（元々はらわたが熱かったので、いわれなくそれを当てました。）(p. 18)のように物品（この場合は「銅熨斗」）を指す用法も見える。これは現代漢語の「它」にあたる。こういった用法はこの時代からの新しいものだと言えるが、ここでは詳しくは論じない。

馬鹿になさったりするのですね[15]。)

(22) 雖作拒張，又不免輸他口子。(p. 21)
(いくら嫌がってたって、あの人に唇を奪われてしまうわよ。)

　この作品における「他」には二通りの意味がある。一つはもともとの自称詞を「ひと」と突き放した言い方をしたもので、現代漢語の「人家」に当たる。もう一つは近世漢語から始まる「他」に通じるものであるが、ただこの時期の「他」の用法はきわめて萌芽的なそれであり、近世漢語のように系統的に用いられている文献とは明らかに異なる。

3.5.2.3.2　名詞を用いた他称詞

　さきにも述べた通りこの作品は張文成を主人公とした「一人称小説」であるので常に主人公が語り手を務めており、なおかつ基本的には主人公と誰かとの対話であるので、「張文成」という語彙を使用した他称詞は存在しない。だが実際は対称詞であっても主人公に対して直接対話していないものも多く見られる。例えば先ほどの例（12）は直接張文成に話しかけたと判断して差し支えないが、例（13）の方は会話の内容こそ主人公張文成についてであるが、直接張文成に対して話しかけているのかは俄には判断できない。だとすれば問題となってくるのは古代漢語の文法的な特徴である。古代漢語の登場人物は直接主人公に対して例（12）「少府不因行使」と直接話しかけることもできるし、例（13）「少府公乃是仙才」のように他の登場人物と会話することも可能である。これこそが古代漢語における、後の近世漢語と基本的に異なる用法であると、私は結論付ける。

---

[15]　「自隠」については蔣禮鴻 1997, p. 221 に該書のこの箇所を引いての指摘がある。

3. 5. 3 結語

　今回は合計 195 例について分析を行った。本節で述べたことを纏めると以下のようになる；

　即ち作品『遊仙窟』における第一人称代名詞は「我」・「余」・「僕」であり、一方その名詞に由来する自称詞は「下官」・「少府」である。

　第二人称代名詞は「君」であり、一方その名詞に由来する対称詞は「少府」・「少府公」・「張郎」・「文成」である。

　第三人称代名詞は「渠」・「他」である。

　以上の結論にさしたる誤りが無ければ、特に古代漢語の文献を扱う際には、人称代名詞だけではなく人称詞の使用を見てゆくことも重要であることが分かるであろう。

第4章

近世漢語における指示詞と人称詞の展開

4.1 白話文の成立における言語資料選別の基準

4.1.0 議論の前提

　中国において白話が文字として定着したのは何時からか、ということは現在ではよくわからない。ただ現在中国で使用されている中国共通語のもととなったものは、おそらく唐代に書面語として定着していったのではないかというのが、一般的な見方のようである。

　なぜ白話が文字として定着していったのか正確なことがわからないかというと、それは現存する言語資料が絶対的に不足しているからである。しかしそれは中国において言語資料の絶対数が少ないという意味ではない。

　例えば唐代の詩を清の康熙帝の勅命によって編集した唐詩の総集『全唐詩』においては、作者二千数百人、作品数五万首近くを収めている。しかしそこに収められているものはすべて唐五代の詩であり、所謂「韻文」と呼ばれているもので、白話の文字定着が図られたものとは明らかに違う[1]。

　また例えば唐代のあらゆる散文を清の嘉慶帝の勅命により編纂した『全唐文』においても収められた作家の数は三千人、作品数は二万篇にのぼる。しかしここに収められた作品も全て所謂文言で書かれた、内容も限られたものであり、やはり白話の文字定着とは無関係なものと言えよう。

　では逆に白話の文字定着が図られたと言っていい作品が全く生まれなかったかというと、それも誤りである。ただそういった作品はほとんど現在には伝えられておらず、そのためそういった作品がもともと書かれなかったかのように見えるのである。

　本節はそういった状況の中で現在に伝えられている文献が白話の文字定

---

[1] ただし唐代の詩においては特に盛唐以降いわゆる「詩語」と呼ばれる表現が詩人間で流行することになる。詳しくは西山2002bを参照のこと。

着に大きな役割を果たし、後の中国共通語の萌芽的な役割を果たしていることを見てみたいと思う。

4. 1. 1 言語資料の選定について

どういった言語資料を用いるかということが、特に近世漢語の研究においては最も重要であることは言を俟たない。例えば太田 1958、pp. 410-414 においてこのことを詳述している。所謂テキストの選定という問題である。

しかし私がここで特に問題にしたいのは、その中でも早期白話という資料、即ちその後の明清白話の前段階に位置する言語資料、即ち唐五代から宋元に至るまでの資料の、文体としての性格である。

例えばこの時期の資料としてまず挙げられるものとして、禅や儒家の語録がある。ここでは『祖堂集』を考えてみることにする。この資料は唐五代の禅の語録である。この文献については近年さまざまな研究がなされており、言語資料として重要であることは言うまでもない。文法現象に関しても、近年さまざまな研究が登場している。この資料を用いてさまざまな文法現象を禅の語録から導き出すことができる。

ただ私が問題にしたいのはそれが早期白話の資料になりうるかということである。禅の語録というものはそれぞれ一過性のものである。その言葉がその時期およびそれ以降において広く用いられたという保証は全くない。そういった意味ではこれは古代漢語の後漢以降において出現した所謂「漢訳仏典」と状況が似ている。よって私はこういった禅や儒家の語録については扱わないことにする。

次に挙げられるものとして、各時代の所謂中国語教科書がある。例えば元代における『老乞大』がそれである。この文献は基本的には会話体によって書かれているが、一部散文体の箇所もある。この文献は元代の中国語会話を知る上での最も重要な資料であることは言うまでもない。

しかしさきほども述べたように、こういった資料はあくまでも「中国語会

話資料集」といった性質のものである。口語体のものを漢字という文字で、ある意味苦心して書き留めていったものといってよい。後の明代清代の白話小説といった完成された文体とは大きな隔絶がある。よってこういったものもとりあえずは会話資料として、早期白話とは別個に措いておくことにしたい。

　その他例えば元雑劇がある。しかし実際に残っているものは『元刊雑劇三十種』のように所謂「唱」の部分がほとんどであるし、なによりこういったジャンルは、口語を反映したものとは異なる、戯曲独特の表現からなると考えた方がよい。よってこういったものは新しい書面語としての「白話」という文体には含めないこととする。

　私が「早期白話」の資料とするものは、1）その当時の聞いて分かるような口語を十分反映したと思われるもの、2）その言葉が一過性ではなく幾度となく用いられたようなものであること、を基準として求めることにしたい。具体的なものとしては「敦煌変文」・『大唐三藏取經詩話』・『三國志平話』を挙げることにする。これらの作品を使用した理由については次節以降で述べる。

　本章で述べるものは「早期白話」の文献における初歩的な考察であり、そのことを通じてこういった資料を用いることが「早期白話」の性格を知る一端となると私は考える。

4.2　早期白話における場所を表す疑問代名詞の歴史的変遷

4.2.0　議論の前提として

　古代漢語における場所を表す疑問代名詞の歴史的変遷はごく簡単に言えば、(1)戦国期の『左傳』において「何＋『動詞』」という形式が一般的なものとなり、(2)『史記』秦漢部分」において「『動詞』＋何所」という新しい形式が生まれ、(3)『世説新語』において「『動詞』＋何處」という形式になり、次の近世漢語へと続いていくことになる[1]。
　ところでその次の段階である近世漢語のうち即ち早期白話において、場所を表す疑問代名詞はどのように変遷を続けていったのであろうか、というのが本節の目的である。
　例えば早期白話の次の段階、即ち明清白話について言えば、明代白話小説の代表的作品の一つ『西遊記』では、次のような場所を表す疑問代名詞が登場する。
　まずは古代漢語の形式を踏襲した「何＋『動詞』」と「何」字を動詞に前置する形である。例えば「何在」という表現を1例挙げる。

（1）忽問：「悟空何在？」悟空近前跪下：「弟子有。」（祖師はそこで尋ねた：「悟空はどこにおるのか？」悟空は前に進み寄って跪き、「わたしはここにおります。」）（『西遊記』第二回、p.20）

　ここは祖師がまず悟空がいるかどうかを尋ねる最初の場面であるから、文言の基本的な形式「何在」を用いたのである。白話小説においても、このような文言の形式は多く用いられるようである。

---

[1] この問題については、既に西山2005において考察を試みている。

また白話小説では古代漢語で完成された「何處」という形式も多く用いられる。例えば次の1例がある。

（2）龍王搖手道：「扛不動，擡不動，須上仙親去看看。」悟空道：「在何處？你引我去。」（竜王は手を振って答えた：「持ち上げることも担ぐこともできませんので、仙人自ら見に行って下さい。」悟空は言った：「どこにあるのです？私を連れていってください。」（『西遊記』第三回、p. 34）

　ここでは、龍王から「神珍鐵」という武器を自ら見に行くように言われた悟空が、その場所を問う場面である。その際「何處」という語彙を用いているのである[2]。
　しかしこの作品で圧倒的に多く用いられている語彙は、やはり「那裏」である。この語彙については枚挙に暇がないが、1例を挙げておく。

（3）悟空聞此言，滿眼墮淚道：「師父教我往那裏去？」祖師道：「你從那裏來，便從那裏去就是了。」（悟空はその言葉を聞くと、目にいっぱいの涙を流して言った：「お師匠さまは私をどこに行かせるおつもりですか？」祖師は言った：「お前が来たところに行けばよかろう。」）（『西遊記』第二回、p. 23）

　ここは祖師に許しを乞う場面であり、ここにおいては祖師に救いを求める気分でこの当時最も常用された語彙「那裏」を用いているのである。
　このように明清白話においては「何＋『動詞』」「何處」そして「那裏」という形式があり、その中でも「那裏」という語彙が常用されていたということがわかる。しかし問題はそれ以前、特に早期白話においてはどのような語

---

[2] その他細かく見てゆけば「何所」等の語彙を見出すことができるが、今回はこのことについては述べない。

彙が生まれ、そしてそれが変遷・消滅していったのかということである。
　今回はそのテーマについてどのような言語資料が早期白話のものとしてふさわしいかについて、時期に沿ってその文法項目について具体的に記述してみることにする。

4. 2. 1 「敦煌変文」について

　「敦煌変文」はおもに唐五代における仏教の寺院や街頭等で語られた仏教系・非仏教の語り物をもとにしたものであるといわれている[3]。おそらくその当時幾度も語られた内容であろう。語られた内容は実際に現在写本として残っているものとはいくらかは異なるであろうと思われるが、ただ言葉に当時の口語が大きく反映されたであろうことは推測できる。よって今回はこの文献を言語資料とすることにする。
　今ここで具体的に「敦煌変文」における場所を表す疑問代名詞について見てみると、その形態は古代漢語のものと明らかに違う部分が見られる。
　まずこの資料においても、古代漢語における最も基本的な「何＋『動詞』」という形式がある。例えば「何在」で検索すれば7例あることがわかる。2例を挙げる[4]。

（4）昭軍（君）一度登千山，千迴下淚：「慈母只今何在？君王不見追來。」（王昭君はある時には山に登り、いくつもの涙を流し：「慈母は今どこにいるのか？君王は呼び戻しては下さらない。」）（『敦煌變文集』巻一「王昭君變文」、p. 102）
（5）若不見路傍桃李年年花發，曜日江（紅）顏，伏今何在。（もし路傍の

---

[3] 「敦煌変文」の資料としての性格については、入矢1975を参照した。また中国における変文と俗語小説との関連性については小川1968に詳しい。
[4] 例文（4）「王昭君變文」における「君王不見追來」句の解釈については金文京1995を参考にした。

桃李が毎年花を開き、日々顔を見せることなどがなかったならば、今どこにいるのであろうか。）（『敦煌變文集』卷二「廬山遠公話」、p. 179）

　このように特に自己の思いを述べるような箇所では「何在」というように古代漢語からの伝統的な形式に則った言い方をしている。
　またこの文献においては、古代漢語で完成された形式である「何處」が全体から見れば76例と最も多い。ここに2例を挙げる[5]。

（6）君子是何處之人？姓名是甚？在此而坐？（そちらはどこの人ですか？姓名は何で、ここにお坐りですか？）（『敦煌變文集』卷二「前漢劉家太子傳」、p. 160）

（7）三公何處來？（三公はどこから来たのですか？）（『敦煌變文集』卷二「秋胡變文」、p. 154）

　これに対してこの文献では、おそらくこの時期あたりから現れるであろう「何所在」「甚處」「那裏」「那邊」といった語彙が出現することになる。
　まずは「何所在」から見ることにしよう。この語彙は1例のみで、仏教の偈に出てくる言い方である[6]。

（8）化身何所在，空留涅槃句（句），（化身はどこにおられるのか、空しく涅槃の句を留めるのみ、）（『敦煌變文集』卷二「廬山遠公話」、p. 173）

　次に「甚處」を見てみよう。全体的に見れば敦煌変文の新しい語彙におい

---

[5] 「敦煌変文」の実際の写本を見てみると、「那裏」が「那裡」「那里」などと書かれていたりする。後述の『大唐三藏取經詩話』『三國志平話』においても同様である。今回はこういった意味の区別に関わらない文字の異同については特に問題としないことにして、文献に依って「那裏」「那裡」等と随意に表記することにする。
[6] ここは「何＋所『動詞』」の形式、即ち古代漢語に元々からある用法にとることも可能であるが、一応「何＋所在」という新しいものとして挙げておくことにする。

てはこの「甚處」が 14 例と最も多く、かつこの語彙は仏教系のみならず非仏教系資料にも現れる。2 例を挙げる[7]。

（9）後母一女把著阿耶：「殺卻前家歌（哥）子，交與甚處出頭。」（継母の娘がお母さんを引き留めて：「前の家のお兄さんを殺してしまったら、お兄さんはどこから頭を出せばいいの。」）（『敦煌變文集』卷二「舜子變」、p. 132）

（10）交我將你，況甚處賣得你？（お前を連れて行って、いったいどこでお前を売れるのか？）（『敦煌變文集』卷二「廬山遠公話」、p. 175）

ここでは継母が連れてきた娘がその母と、白荘という群賊が遠公と、それぞれ会話を交わす場面での用例である。このようにこの「甚處」という語彙はこの資料においては最も口語的色彩の濃いものといってよいであろう。

またここでは「那裏」「那邊」といった語彙も登場してくることになる。4 例及び 6 例であるが、ただ全て仏教系の資料に用いられることは「何所在」と同様である。それぞれ 1 例挙げる[8]。

（11）玉貌定知皈那裏，且喜恩霑説修持，（玉貌はいったいどこにお帰りになるのであろうか、ありがたくも思し召しによって修行せよと説かれる。）（『敦煌變文集』卷六「歡喜國王緣」、p. 779）

（12）寶座令余何處得，蓮臺教朕那邊求？（宝座はいったい私はどこで手に入れ、蓮台はいったい私はどこで求めればよいのか？『敦煌變文集』卷五「妙法蓮華經講經文（一）」、p. 496）

以上を纏めると、敦煌変文においては「甚處」という語彙が最も口語的な

---

[7]「甚處」の例文（9）「舜子變」については呉福祥 1996 を参考にした。なお概書の論述形式は、例えば「甚」については「甚人」「甚事」等の語彙がある、というように進められており、本稿のような意味内容から語彙を求めるものとは異なっている。
[8]「那裏」「那邊」の例文のうち、「阿那裏」「阿那邊」の形式を取るものもあるが、本稿ではその差異については述べない。

ものであり、その他仏教系の語彙として「何所在」「那裏」「那邊」があるということがわかる。この傾向は宋以降になるとまた違ったものに変化することとなる。

4. 2. 2 『大唐三藏取經詩話』について

『大唐三藏取經詩話』は玄奘三藏が西天にお経を取りに行く物語であり、後に『西遊記』へと結実してゆくものである。物語そのものはおそらく宋代に成立したものと思われ。この資料は語られた際、聞き手に配られた小冊子のようなものであったと想像され、その中に当時の口語がある程度反映されていると見てよい。よって今回はこの文献を言語資料にすることにする。

このテキストは「宋版」ということになっているが、ただ実際の版本そのものを見てみると元代に刷られたものではないかという可能性も浮かんでくる。しかしここではそのことの当否についてはひとまず措き、そこに現れている言語のみについて見てみることにしたい[9]。

今回場所を表す疑問代名詞に注目してみると、まず「何處」という語彙が多く見られる。計8例であり、以下に2例挙げる[10]。

(13) 和尚今往何處？莫不是再往西天取經否？（和尚様はどこに向かわれますか？もしや再び天竺にお経を取りに参られるのではございませんか？）
（『大唐三藏取經詩話』第二、p. 235）

---

[9] 『大唐三藏取經詩話』の言語については、太田1997においてその概要が述べられている。
[10] ここではこの2例の他に説明すべきものとして2例がある。1例目は「前去都無人煙，不知是何處所？」（この先には人家がないが、どこだろうか？）（『大唐三藏取經詩話』第十、p. 245）であるが、ここの「不知是何處所」は「不知何處」を前句に口調を合わせて六言にしたのであろう。また2例目は「你道來請佛法，法在何處？佛在何方？」（あなたは仏法を求めに来たということだが、法はどこにある？仏はどこにある？）（『大唐三藏取經詩話』第十五、p. 250）であるが、ここの「何方」は確かに「どこ」という意味である。しかしこの「何方」は「何處」と対になった言い方と考えるべきであろう。後述の「何方〜，甚處〜」における「何方」も同様である。ちなみにこの「何方」という言い方は後世には受け継がれなかったようである。

(14) 我新婦何處去也？（うちの新婦はどこに行ったのだ？）(『大唐三藏取經詩話』第五、p. 239)

　このようにこの文献には古代漢語から継承された「何處」があるが、その他「敦煌変文」にも見られた比較的新しい語彙もある。「何所在」「甚處」「那邊」がそれである。
　まず「何所在」は次の1例である。

(15) 又過一山，山嶺崔嵬，人行不到，鴉鳥不飛，未知此中是何所在。（また山を一つ越えましたが、山路は険しく、人も通らず、鳥も飛ばず、ここがどこか分かりません。）(『大唐三藏取經詩話』第九、p. 243)

　このように語り手が聞き手に状況を説明する場面において、「何所在」という語彙が用いられている。
　次に「甚處」も次の場面において用いられる1例がある。

(16) 汝是何方妖怪，甚處精靈？（おまえはどこの妖怪だ，どこの怪物だ？）(『大唐三藏取經詩話』第六、p. 240)

　ここは猴行者が白虎精に対して言ったせりふである。このような場面において「何方」と対の形で「甚處」が使用されているのである。
　その他「那邊」という言葉も登場する。次の1例である。

(17) 百萬程途向那邊，今來佐助大師前。（百万の路程はどこへと向かう、今大師を助けて前へと進む。）(『大唐三藏取經詩話』第二、p. 235)

　ここは猴行者が作った詩の一部である。このように詩の言葉として「那邊」という語彙が使用されているのである。

この『大唐三藏取經詩話』という言語資料は、現存しているものは一部欠損しており、また内容から見てもさほど長いものではないが、おおまかな傾向をつかむことはできたのではないかと思う。即ちまず古代漢語から継承されてきた語彙「何處」が広く使用されており、「敦煌変文」あたりから現れてくる新しい語彙としては「甚處」が登場人物のせりふなどで用いられ、その他状況説明や詩の部分において「何所在」や「那邊」が用いられるということである。総じて言えばいくつかの語彙が混在しているといった状況である。

4. 2. 3　『三國志平話』について

『三國志平話』は元代に刊行されたもので、後の『三国志演義』へと繋がる物語である。この資料はおそらく聞き手が演芸場で求めたであろうパンフレットのようなものであり、先の『大唐三藏取經詩話』に比べて読者が十分読むに堪えうるような内容・表現が随所に見られる[11]。そこで語られた内容はもちろん何回も行われてきたものであり、資料として扱うに足るものと言える。よって今回この文献を言語資料とすることにする。

この資料を一見して分かることは、この資料は「敦煌変文」や『大唐三藏取經詩話』において混在していた語彙が整理されているということである。

まずこれまでと同様、古代漢語において完成された「何處」という語彙がこの『三國志平話』においても多く見られる。計13例であり、ここでは2例を挙げる。

(18) 帝大怒，問八人：「漢高祖在何處？」（皇帝は大いに怒り、八人に問うた：「漢の高祖はどこにいる？」）『三國志平話』卷之上、p. 373)

(19) 猛然見貂蟬推衣而出，呂布大怒：「逆賊在於何處？」（そこへ突然貂蟬

---

[11] 『三國志平話』の資料としての性格については、中川1999に詳しく述べられている。

が衣服を身に付けつつ出てきたので、呂布は大いに怒って言った：「逆賊はどこにいる？」）(『三國志平話』卷之上、p. 392)

このように特に第三者に対して強い口調で述べる際に「何處」という言い方が用いられるようである。
　これに対して口語性の強い語彙はこの文献においては一つに統一される。それは「那裡」である。計5例であり、ここでは2例を挙げる。

(20) 玄德令軍把了寨，點視諸將，問軍：「趕賊那裡去也？」（玄德は軍に命じてとりで守らせ、諸将を点呼して、軍に問うた：「賊をどこに追いやったのか？」）(『三國志平話』卷之上、p. 381)
(21) 太守那裡宿睡？你若不道、我便殺你！（太守はどこで寝ている？もし言わなければ、お前を殺す！）(『三國志平話』卷之上、p. 385)

このように『三國志平話』においては、口語的な表現の場合には「那裡」という表現のみを用いており、「甚處」「何所在」等の語彙は用いられていない。ここに元代のこの文献において、場所を表す疑問代名詞は後の明代へと連なるものに変わっていったことが見てとれるのである。

4.2.4　結語

本節によって明らかになったことは、(1)「敦煌変文」においては「甚處」という語彙が最も口語的なもので、「何所在」「那裏」「那邊」といった語彙もあり、(2)『大唐三藏取經詩話』においても「甚處」が登場人物のせりふなどで用いられ、その他「何所在」「那邊」といった語彙があり、(3)『三國志平話』においてはそれが「那裡」に統一される、ということである。
　一般的な理解としては、唐末五代の「敦煌変文」に対して、宋代の『大唐三藏取經詩話』や元代の『三國志平話』が現れ、それをもとに明代清代の白

話小説が生まれてきた、とされているようである。しかし実際の『大唐三藏取經詩話』に現れた言語はむしろ「敦煌変文」との関連性が強く、『三國志平話』は後の明清白話との関連性が強いといった状況が見られるのである。

4.3　敦煌変文における近称指示詞の諸相

4.3.0　議論の前提

　前世紀前後に甘粛敦煌莫高窟で発見された所謂「敦煌文書」は、現在主にイギリス、フランス、中国の収蔵機関に保存されている。この文献は大部分がさまざまな形式で出版されており、現在ではそのほとんどを見ることができるようになった。

　ところでその中でも所謂「変文」、を編集した『敦煌変文集』は1957年の発行以来多くの研究者が検討可能な文献となった。この文献は厳密に言えば「変文」その他仏教に関する「講経文」、そして六朝の『捜神記』等の文献を含む。

　こういった文献群を見て感じることは、これらの文献は決して一種類の文体によって書かれているわけではない、ということである。今試しに幾つかの文献を見てみると、或る部分は所謂「経文」と「講経文」であったり、また或る部分は男とその後妻との「会話」であったりと、硬軟織り交ぜた文体から成っている[1]。

　ただしこうした文体そのものの差異を見極めることはたいへん難しい。それよりも特定の語彙を検証してゆくことの方が、より有意義な結果を得られるのではないか、と私は考える。

　「指示詞」はどの言語にも存在する。この指示詞は中国では、古代漢語においては「此」等の語彙が、そしておそらく文献に残ったものとしては唐代あたりから新たに「這」等の語彙が登場する。これらの語彙は後に述べるように単に「A→B」と機械的に変化したわけではない、新旧二種類の語彙が複雑に絡み合って新しい指示詞の諸相を形成している。

---

[1] 例えば『敦煌変文集』巻五「維摩詰經講經文」、巻二「舜子變」など。

本節ではこの指示詞の諸相の一端を述べることをその目的とする。そして今回はその中でもより基本である「近称」の諸相について述べることとしたい。

4.3.1 先行研究の概観

古代漢語の指示詞の諸相については以前西山1989、西山2001において詳述しているのでここでは述べない。それらをもとに唐代における最も基本的な近称指示詞を求めるとすれば、「此」ということになる[2]。

ところで唐代において新しい語彙が登場する、それは「這」である。この語彙については日本では太田1958、志村1984等が詳しい。太田1958では例えばp.121において中唐白居易「商山路驛桐樹昔與微之前後題名處」(巻18 律詩)、

（1）笑問中庭老桐樹, 這廻歸去免來無? (中庭の古い梧桐の樹に笑って問う、今回帰ったらもう来なくて済むのだろうか。) (p.1209) [3]

等を挙げている。また志村1984ではp.48において『敦煌変文集』「唐太宗入冥記」

（2）李乾風□□（若是）真共你是朝廷, 豈合將書囑這箇事來! (p.210)（李乾風がもしおまえとともにその朝廷にあるというのであれば、どうして書状にこのことをしたためておく必要があるのか！）

等を挙げている[4]。

---

[2] ちなみに繋辞「是」の中古漢語から次の早期白話への変遷に関しては何樂士1990が詳しい。
[3] 本稿における原文、日訳の後の頁数は、当該テキストの頁数を指す。以下同じ。
[4] この物語の経緯については金岡1981、pp.187-194に詳しい。

現在語彙検索は以前に比べてかなり容易になっている。それをもとにテキストと照らし合わせればかなり精密な調査が可能である。私はそこで今回、その中でも特に用例数の多く見られる敦煌変文における近称指示詞を調査することにする。

ところで一つ確かめておかなければならない問題がある。それは敦煌変文のどの部分を言語資料として使用できるかということである[5]。『敦煌変文集』と題されるテキストも大まかに見れば『捜神記』や「孝子傳」などの「志怪小説」、仏教関係の「講経文」、それから仏教系及び非仏教系の「変文」に分けられる。

そのうち「志怪小説」は古代漢語を反映した文体であるので除外し、「講経文」も仏教経文及びその解釈であるので含めない。となると残るは「変文」ということになる。仏教系及び非仏教系の「変文」をどう扱うかについては大きな問題である。俗語小説の直接の母が仏教文学であることは確かであるかもしれないが、しかし仏教系のものはその物語の舞台が中国ではない、ということもあってやはり「翻案物」という印象が否めない[6]。

そこで本節ではとりあえず非仏教系の変文を言語資料にすることにする。具体的に『敦煌変文集』で見てみると、巻一〜三の23作品を扱う[7]。

4.3.2 『敦煌変文集』における「這」の用法

『敦煌変文集』において「這」の用例は多数見られるが、巻一〜三に限定してみると「這」の用例は計11例である[8]。（『敦煌変文集』全体では85例、以下同じ）これらの用例を見てみると一つの大きな特徴があることがわかる。それはこの語の用法はすべて限定語として名詞や助数詞を修飾するもので

---

[5] この問題については西山2006を参照。
[6] 「俗語小説の直接の母は佛教文學である」ということについての詳細は小川1968を参照。
[7] 厳密に言えば巻二「廬山遠公話」は仏教に関するものだが、内容は中国をその舞台としており、且つ卑俗な「物語」的要素の強いものであるので、特に排除はしなかった。
[8] なお「這」字の他に、「遮」「者」等の文字があるが、今回はこれらの文字については述べない。

あるということである[9]。

　まず「這」に一文字の名詞を付したものが計2例ある。その2例を挙げる。

（3）弟但看僕出這身。（お前は、私がただ単に逃げ出すことだけを考えている、と思っている。）（「捉季布傳文」p.60）

（4）這賊爭敢輒爾猖狂，恣行凶害。（この賊はどうしてこのようにいつも怒り狂い、凶行をほしいままにしているのか？）（「張義潮變文」p.117）

　次に同じ一文字でも名詞ではなく、助数詞の例が5例ある。まず「迴」「遍」などの例が2例である。その2例を挙げる。

（5）這迴來往亦無虞。（今回の戦いでも憂いなど無い。（「張義潮變文」p.117）

（6）這遍若不取我指撝，不免相公邊，請杖決了，趁出寺門，不得聞經。（今回もしお前が私の指図通りにしなかったら、宰相様のところで、罰の鞭を食らわせるようお願いして、寺の外に追い出して、お経を聞けないようにさせるぞ。）（「廬山遠公話」p.187）

（5）の方は指示詞の後に助数詞「迴」、そしてさらに名詞「來往」が続くパターンである。（6）の方は助数詞「遍」で終わるパターンである。
　さらにもう一種助数詞「箇」或いは「個」がある。この助数詞もその後に名詞が続く場合と助数詞で終わる場合とがある。計3例である。まずその後に名詞が続く場合2例を挙げる。

（7）道這箇老人，來也不曾通名，（「廬山遠公話」p.170）（そう言えばこの

---

[9] 「這」に直接「是」が続くパターンについてはこの時期にはまだ成立していない。この用法については『朱子語類』卷一「理氣上太極天地上」に「這是説天地無心處。」とあるのが初出か。

老人、来たときに名も名乗らず、）

（2）李乾風□□（若是）真共你是朝廷，豈合將書囑這箇事來！（「唐太宗入冥記」p. 210）

次に指示詞に助数詞が続いてそれで終わる場合が1例ある。その1例を挙げる。

（8）阿孃上樹摘桃，樹下多埋惡刺，刺他兩脚成瘡，這個是阿誰不是？（「舜子變」p. 131）（母さんが木に登って桃を摘んだ時、木の下には悪いトゲが埋まっており、母さんの足が刺さって傷ができたのは、これはいったい誰のしわざなんだ？）

その他指示詞に2文字名詞が続くものが3例、4文字名詞が続くものが1例ある。それぞれ1例を挙げる。

（9）若覓遠公，只這賤奴便是。（「廬山遠公話」p. 190）（もし遠公をお探しということであれば、この賤奴の私がそうです。）

（10）這下等賤人心裏不改間無。（「廬山遠公話」p. 175）（この下等の賤しい奴は心根を改めたりはしないのか。）

このようにこの時期「這」という新しい語彙が登場し、後に白話の指示詞としての地位を占めることになったのである。

4. 3. 3　『敦煌変文集』における「此」の用法

この時期新しい語彙「這」が登場したことについては前節で述べた。ただ

この時期の「這」は指示詞に続いて助数詞、或いは名詞、または助数詞＋名詞という用法に限られる。

　ではこの時期最も一般的な近称指示詞の語彙は何だったのか。この時期の文献で文言・白話に限らず最も使用された語彙は、言うまでもなく「此」である。敦煌変文においてもこの語彙が使用されたことは明白で、『敦煌変文集』巻一〜三においても「此」の使用は 335 例（『敦煌変文集』全体では 1336 例）と圧倒的である（用例は省略）。

　ではこの語彙は古代漢語と全く同じ用法であったのだろうか[10]。　この方面についての研究はほとんどなされていないようである。その理由は、特に中国では「這」という現在に繋がる指示詞の「発展」のみに注目が集まって、「此」という語彙は古代漢語においてその用法は確立してそれで終わり、という思い込みがあったからのようである。しかし実際『敦煌変文集』を検討してみると、この「此」という語彙は新たな用法を持っていることがわかるのである。それは「此箇」或いは「此個」というものである。

　この事象についてもっとも明確に述べた先行研究は、私の見た限りでは呂叔湘 1985 のようである。該書においては pp. 184-185 において、「維摩詰經講文」そして「廬山遠公話」では「這箇」と「此箇」、或いは「這個」と「此個」が、同時に二種の形で現れていることを述べている。このことを以下さらに述べてみたい。

『敦煌変文集』巻一〜三において、まず「這箇」、「這個」については、前節で述べた通り、

（7）道這箇老人，來也不曾通名，（「廬山遠公話」p. 170)、及び

（9）阿孃上樹摘桃，樹下多埋惡刺，刺他兩腳成瘡，這個是阿誰不是？（「舜子變」p. 131）

---

[10] 古代漢語に関しては西山 1989 においてその詳細を述べた。

である。
　次に「此箇」及び「此個」について調べてみると、「此箇」が5例、「此個」が1例である。それぞれ1例ずつ挙げる。

(11) 此箇老人前後聽法來一年，尚自不會涅槃經中之義理，(「廬山遠公話」p. 170)（この老人はこのところ法を聴くこと一年にもなりながら、なお涅槃経の義理を会得していない。)

(12) 此個郎君住何方？(「董永變文」p. 110)（この方はどこにお住まいですの？)

　このように敦煌変文については、「這箇」(「這個」)だけではなく、「此」の方も「此箇」(「此個」)という新たな用法が生まれていることがわかるのである。このことはより強調して然るべきであると私は考える。
　以上を纏めると「此」の用法と「這」の用法は、恰も逆方向から発生しているように思われる。即ち「此」は「此是」などの古代漢語の用法に加えて新しい「此箇」(「此個」)の用法が発生した。一方「這」は「這身」や「這箇」(「這個」)という限定語として名詞や助数詞を修飾する用法から始まり、後に「這是」といった新しい用法を獲得するのである。

4.3.4　結語

　以上敦煌変文における近称指示詞の諸相を見てきた。具体的には「這」11例、「此」335例(「此箇」5例、「此個」1例)の計346例である。(『敦煌変文集』全体では「這」85例、「此」1336例(「此箇」5例、「此個」18例]の計1421例) このうち「這」については以降多様な変遷を見せるが、その事項についてはさまざまな研究が存在するのでここでは省略する。
　一方「此箇」「此個」については宋以降の文献にその用例が存在する。例

えば北宋柳永詞《甘草子》其一に

(13) 池上憑闌愁無侶。奈此箇、單棲情緒。（池のほとり欄干にもたれ掛かり伴侶の無いことを愁う。この愁いをどうしよう、ただひとり物思いにふけるのみ。）(p. 14)

とある。

しかしこの語彙はその後「這箇」の発展とともに消滅し、現在では「此」を用いた「此文」「此人」「由此」「在此」といった固定化された表現に用いられる、というのが現状のようである[11]。

---

[11] このように固定化された表現にのみその用法が残っていることに関連しては、西山 2002b において動詞「話」についてその概要を述べた。

4.4 『大唐三蔵取経詩話』における主人公の呼称

4.4.0 議論の前提として

　私は3.5において、『遊仙窟』における主人公の呼称について論を述べた。そこで明らかになったことは古代漢語の文法的な特徴である；即ち古代漢語では作品中のある登場人物は直接主人公に対して人称詞を用いて話しかけることもでき、その一方登場人物は同じ人称詞を用いて他の登場人物と会話することもできる、ということである。

　そこで、次に問題になってくることは、古代漢語に続く近世漢語において状況はどうなっているのか、ということである。近世漢語の特に明清白話以前の所謂「早期白話」にあたる文献は数が圧倒的に少なく、またどういった文献が実際の分析に堪えうるものかということになると、これはなかなか文献選定の難しい問題である[1]。

　今回はその中でも特に我々日本人にとって注目すべき文献『大唐三蔵取経詩話』(以下『取経詩話』と略称) を取り上げることにしたい。

　この文献は日本に将来された所謂「宋版」であり、文献学的な問題については磯部1997が詳しく取り上げている。現在目睹できる実物が「宋本」であるかどうかについて私は定見を持たないが、この文献の語学的な観点から見た該書の特徴から考えて、その成立はおおよそ宋代あたりに求められるであろうと考える[2]。

　この物語は一般には後代の『西遊記』の祖型に当たると考えられている。厳密に言えば『大唐西域記』記載に始まる玄奘三蔵取経の故事である。明本

---

[1] その問題については以前西山2006において言及したことがある。その他例えば『新編紅白蜘蛛小説』などは非常に興味深い文献ではあるが、「残一頁」と実際例文の分析には無理がある。
[2] 語学の観点からすれば、例えば太田1997, p.169では該書を五代北宋の成立としている。また劉堅1982でも該書は遅くとも北宋には成立したと見ている。

西遊記の主人公は明らかに孫悟空であり、玄奘のいわゆる陳光蕊故事については明本に記載が無い。その後、清代の『西遊真詮』において玄奘の出自について明本に補足する記載が有ることは周知の事実である。

しかし『取経詩話』において、いったい誰が主人公であるのかを見定めるのは非常に難しい問題である。該書のストーリー全体から考えると全編に渉り[3]登場してくる人物は法師、即ち玄奘三蔵である。一方該書の猴行者、即ち孫悟空は明本西遊記と違い全編に登場してくるわけではない。例えば全十七章のうち第九章と第十二、十三章においては少なくとも孫悟空が個人として登場してくることはない。しかし物語のハイライトという観点から見てみると、第五、六、七章及び第十一章に孫悟空が活躍する場面が現れる。これは後の西遊記にも連なるものである。

そこで、今回はとりあえず玄奘三蔵と孫悟空二人を主人公と設定した上で、この二名が該書においてどのように呼ばれるかについて考察したい。その際、西山2010と同じく、「人称詞」という表現に着目して論じることにする。

4.4.1 作品とテキスト

4.4.1.1 作品

この作品はさきほども述べたようにおおよそ宋代あたりに作られた玄奘三蔵取経故事である。内容は例えばその時代設定を明皇即ち玄宗皇帝の時代と結びつけるなど、時代錯誤と思われる点も多々みられるが、一般民衆を対象にした語り物という性格から考えると、時代設定はさほど拘泥するには当たらない事項なのかも知れない。

---

[3] 厳密に言えば現存するテキストには第一章全体及び第七章の終わりと第八章の始めが欠けている。しかし全体の構成から見てこれらの章に玄奘が登場しなかったとすることは極めて考えにくい。

4. 4. 1. 2　テキスト

テキストは3.5と同じく『近代漢語語法資料彙編』本を底本とし、『大唐三蔵取経詩話校注』本と日本大倉文化財団蔵宋版を適宜参照する。

4. 4. 1. 3　挙例の方法

これについても前回と同様、鈴木1973の自称詞・対称詞・他称詞の考え方に基づき、以下の様に設定する。
・自称詞　孫悟空と玄奘三蔵がそれぞれ自身をどのように呼んでいるか、を表す言葉
・対称詞　他の登場人物が孫悟空と玄奘三蔵をどのように呼んでいるか、を表す言葉
・他称詞　他の登場人物が孫悟空と玄奘三蔵を第三者としてどのように呼んでいるか、を表す言葉

4. 4. 2　用例の分析

4. 4. 2. 1　自称詞

この物語は他の語り物と同じく語り手がまず内容の状況を紹介するが、その部分については語り手自身が直接孫悟空や玄奘三蔵に呼びかけるような場面は出てこない。

次に今回問題とする、二人が自身をどう呼ぶかについては、これも前回同様、大きく分けて二種ある；一つは「一人称代名詞」であり、もう一つは名詞を用いた「自称詞」である。

4. 4. 2. 1. 1　一人称代名詞

まずは「人称代名詞」を見てみたい。

4. 4. 2. 1. 1. 1　孫悟空に対する一人称代名詞

　孫悟空が自身をどのように呼んでいるかを見てみる。「一人称代名詞」として今回得られた語彙は「我」一種だけである。「わたし」という意味である。古代漢語によくある「余」・「吾」・「僕」といった語彙は見られない。ある意味代名詞における「語彙の統一」への意識化が行われているようである[4]。

　「我」は今回孫悟空については15例見られる。ここでは2例を挙げる。

（1）（2）<u>我</u>不是別人，<u>我</u>是花果山紫雲洞八萬四千銅頭鐵額獼猴王。(p. 235)
（私は他でもありません。花果山紫雲洞の八萬四千の銅頭鉄額、獼猴王でございます。）

　この2例は一つのセンテンスに現れる二つの語彙であるが、ここに注目すべき特徴がある。それは「人称代名詞」の用法の古代漢語との差異である。古代漢語であれば一つ目の「我」の使用は見られるにしても　次の二つ目の使用は見られないのではないだろうか。

　これは現代漢語で自己紹介の時、「我是〇〇、我是△△・・・」と「我」を繰り返し用いるというのが一般的であるのと一致する[5]。

---

[4] この点、古代漢語における第一人称代名詞の用法とは大きな差異がある。詳細は西山1992を参照。
[5] また例えば中国語母語話者が日本で自己紹介をする際、「私は〇〇です、私は△△です・・・」といったように、「私」の過剰使用が見られることとも、軌を一にするように思われる。

4.4.2.1.1.2　玄奘三蔵に対する一人称代名詞

次に玄奘三蔵について、まず孫悟空と同様、「我」を用いたものが4例挙げられる。ここでは2例挙げる。

（3）我廻東土，奉答前恩，（p. 242）
（私は東土に戻りましたら、このご恩に報いたいと存じますが、）
（4）元初説他九度見黄河清，我將謂他妄語；（p. 247）
（初め彼が九度黄河が澄むのを見たと言った時、私はでたらめを言う奴だがと思っていたが；）

二つのうち（3）の用法は孫悟空と同様、いくらか丁寧な色彩を持つ語彙と言える。一方（4）ではそれがより直裁直截的な意味合いで使用される語彙だということも分かる。いずれにせよ「我」が語用論的に見て無標であることについては、異論を挟む余地はないということがわかる。
ただし玄奘三蔵については「我」について「我七人」と複数の形になっているものがある。「我々七人」という意味である。次の1例である。

（5）然我七人，只是對鬼説話。（p. 244）
（それでは我々七人は、幽霊と話をしていたのですね。）

しかしこの例は現代語の「七個学生」と同様、形態論的に見て「数量フレーズ＋名詞」という形であり、「名詞＋複数形語尾」である「我們」という形式は採っていない。ただし今回の用例は、「我」だけで複数形を表し得る古代漢語とは決定的に違いがあると言える[6]。

---

[6] 一方「名詞＋数量フレーズ」の用例は多く見られる。詳細は後述。

4.4.2.1.1.2　名詞を用いた自称詞

　名詞を用いた形式については登場人物それぞれについて多様なものがあり、自称詞についても同様である。

4.4.2.1.1.2.1　孫悟空に対する自称詞

　まずは孫悟空について、意外にも自称詞については用例がない。これは例えば明本西遊記で「我老孫」などと自身を尊大に見せる用法があるのと大きな違いである。

4.4.2.1.1.2.2　玄奘三蔵に対する自称詞

　それに対して玄奘三蔵の方は名詞を用いた自称詞に四つの用法が認められる。
　一つは「玄奘」と自己の戒名を自称する用法である。用例は1例である。以下に挙げる。

（6）太明皇, <u>玄奘</u>取經壯大唐。（p. 249）
（明皇さま、玄奘はお経を取って大唐を壮んにせんとしています。）

　ここは玄奘が明皇玄宗皇帝に対して自己の想いを述べた箇所である。もともと仏教の讃を述べる形式の韻文であり、よって発話者は「玄奘」と仮定できると、私は考える。
　二つ目は「貧僧」と自己を蔑んだ言い方である。これも用例は1例である。以下に挙げる。

（7）<u>貧僧</u>奉敕, 為東土衆生未有佛教, 是取經也。（p. 235）

（拙僧は勅を奉じ、東土の衆生に未だ仏教の教えがありませぬ故、経典を取りに行くのでございます。）

　ここはこの物語の中で玄奘三蔵と孫悟空が初めて言葉を交わす場面であり、「拙僧」と自己を一歩貶めて自称したものである。
　三つめは「臣」である。これは自国大唐の玄宗を始めその他各国の国王などに対して、玄奘が臣下の礼で以て接する場面である。用例は3例である。以下にその3例を挙げる。

（8）臣啓大王，此中人民得恁地性硬，街市往來，叫也不應。（p. 244）
（臣は大王さまに申し上げます、ここでは人々はこのように性格が強情となっておりまして、街を往来しておりましても、声をかけても応答がありません。）
（9）（10）臣啓陛下：臣在香林受《心經》時，空中有言，（p. 255）
（臣は陛下に申し上げます：臣が香林で『心経』を受けました時、天から言葉がありました、）

　（8）は鬼子母国において玄奘が国王に問う場面である。この時玄奘は国王に直接問いかけるのではなく、「臣は大王さまに申し上げます」と、今から国王に申し上げるということを、国王にまず表明しているのである。このような言い方は古代漢語においては一種の決まり切ったものであり、この文献でもその言い方に沿っているのである。
　（9）も同様であり、（10）でも自己を「臣」と正式な礼に法った言い方にすることによって自己の立場を明確にしていると言える。
　その他四つめとして玄奘ならではの用法というものがある。それは「臣僧」という言い方である。これは玄奘が自国に対しては臣民であり、さらに仏教の僧侶でもあるので、このようにその様式で自称しているわけである。用例は1例であり、以下にその1例を挙げる。

(11) <u>臣僧</u>此月十五日午時為時至，必當歸[7]。(p. 255)
(臣僧はこの月の十五日の午の時が至れば、必ず帰らなければならないのです。)

　ここは厳密に言えばもともとは第十六回において定光仏が言った言葉「時至當返天堂」を襲っているが、玄奘はそれに対して今一度自己を「臣僧」として言い直しているのである。
　名詞を用いた自称詞を纏めれば、これらは謙譲のニュアンスを含んだ有標の形式で、語用論的に見て無標である「我」と対照的なものであることは明らかである。

4. 4. 2. 2　対称詞

　孫悟空と玄奘の二人が他の人物からどう呼ばれているかについては、これも二種ある；一つは「二人称代名詞」であり、もう一つは名詞を用いた「対称詞」である。

4. 4. 2. 2. 1　二人称代名詞

　二人称代名詞についても二人それぞれ特色がある。

4. 4. 2. 2. 1. 1　孫悟空に対する二人称代名詞

　孫悟空が他の人物から二人称代名詞を用いてどう呼ばれているかについては、二種が認められる。
　まずは最も直截的な言い方である「你」である。計3例である。ここでは

---

[7] 『大唐三藏取經詩話校注』は「必當歸天。」に改めている。文意のみからすれば確かにそうであるが、原文の用字そのものを変えるには当たらない。

2例を挙げる。

(12) 你如何得知？（p. 235）
（あんたはどうして知ってるんだ？）
(13) 然你也會邪法？（p. 239）
（じゃあんたも邪法を使えるんじゃな？）

　(12)は玄奘三蔵が孫悟空と最初に出会ったと思われる場面で、玄奘からすれば孫悟空をどのような人物か見定めることができない様子である。よってこのような直截的な言い方「あんた」が生まれてきたのである。さきほど(7)で「貧僧奉敕」と自称している言い方が必要以上に謙譲したものであるのと対照的である。一方(13)は樹人国において漁師である主人が孫悟空に対して直接呼びかけた場面である。そこにも何の尊敬や謙譲のニュアンスも無い。
　次にこれがこの文献における二人称代名詞についての最も典型的な言い方の「汝」である。これは計6例が認められる。ここでは2例を挙げる。

(14) 汝年幾歲？（p. 236）
（お前は歳は幾つだ？）
(15) 汝曾到否？（p. 247）
（お前は来たことがあるのか？）

　ここには文体的な特徴がある。それはこの言い方は目上の人が目下の者に用いる言い方で、「お前」という意味である。具体的に言えばこの文献では玄奘三蔵が孫悟空に用いた言い方だということである。
　古代漢語においてはこの言い方は目上の人物に対しては用いられなかった[8]。近世漢語のこの文献においてもこの用法を踏襲し、玄奘三蔵が孫悟空

---

[8] このことは西山2010において既に述べておいた事項である。

に対してという際にこの「汝」を用いたのである。

4. 4. 2. 2. 1. 2　玄奘三蔵に対する二人称代名詞

　次に玄奘三蔵に対してどういった二人称代名詞が用いられたか見てみよう。
　玄奘三蔵に対しての人称代名詞は、3種が認められる。
　まずは直截的な言い方「你」である。玄奘三蔵に対してもこの「你」は4例認められる。2例を挙げる。

（16）和尚兩度被我喫你，[9] （p. 242）
（和尚さんあなたを私は二度食べたのです。）
（17）和尚, 你喫否？（p. 248）
（和尚さん、あなた食べますか？）

　この2例のうち (16) は深沙神、(17) は孫悟空の発話である。双方とも玄奘三蔵に対して述べたものだが、ここでは尊敬の気持ちは感じられない。直接「あなた」と言っているものである。しかもこの2例は「和尚・・・你」、「和尚、你・・・」と、「和尚」と呼びかけた後に目的語や主語として「你」を用いているところに注目すべき特徴がある。それは古代漢語には見られない、相手に呼びかけてから喋るという用法である。この言い方こそが近世漢語から始まる注目すべき用法なのである。この用法については後にも述べる。
　次に玄奘三蔵に対しても最も典型的な言い方は「汝」である。計7例である。2例を挙げる。

（18）此中別是一家仙，送汝前程往竺天。（p. 246）

---

[9] 原文は「和尚」の前に「項下是」がある。志村1959-1961は「くびの下の（もの）」とするが「項下是」の次に「和尚兩度被我吃你」は続かない。おそらく錯簡有り。未詳。

（ここここそ別の一家仙、お前が天竺へ向かうのを送る。）
(19) 汝記此言，(p.252)
（お前はこの言葉を覚えておけ、）

(18)は文殊・普賢菩薩、(19)では定光仏が発した言葉である。「お前」という意味である。つまりここは目上の人が目下の者に用いた言い方だということであり、なおかつこの言い方自体は文言の言い方を踏襲しているということができる。

また玄奘三蔵に対してはさらに一つの言い方が存在する、それは「汝等七人」という言い方である。用例は1例である。以下に挙げる。

(20) 十二人玉音童子，香花幡幢　七寶瓔珞　未時迎汝等七人歸天[10]。(p.252)
（十二人の玉音童子が、香花の旗指し物、七宝の瓔珞を手に、未の時にお前達七人が天に帰るのを迎える。）

ここは定光仏が玄奘三蔵及び同行計7人に対して言った言葉で、このように「人称代名詞＋人称語尾＋数量フレーズ」の用例が見られることがわかる。

4.4.2.2.2　名詞を用いた対称詞

名詞を用いた対称詞にもそれぞれ文体的な差異が認められる。以下具体的に述べる。

4.4.2.2.2.1　孫悟空に対する対称詞

まずは孫悟空が玄奘三蔵から呼びかけられた呼称として、「小師」という

---

[10] ここではテキストに「天」の字が明確に現れており、文字の異同はない。

言い方がある。「小坊主」といった意味である。用例は 1 例である。以下に挙げる。

(21) 若然如此，皆頼小師威力。 (p. 238)
(そうでしたら、すべて小坊主さまのお力にすがることにいたしましょう。)

　ここは、「蛇子国」に入り驚いた玄奘三蔵が、全く落ち着き払った孫悟空に対して、いつもの呼称「你」・「汝」ではなく、敬意を込めて、しかし玄奘への呼称である「法師」を使用するのには躊躇を覚えたのか、この「小師」という呼び方を用いた所に面白さがある[11]。通常の用法とは異なる言い方というわけである。
　次に孫悟空に対して「師兄」という呼び方をしている所がある。用例は 1 例である。以下に挙げる。

(22) 今告師兄，放還我家新婦。 (p. 239)
(今兄貴に言います、どうか我が家の新婦を返して下さい。)

　ここの「師兄」は先程例文 (13) で樹人国において漁師である主人が孫悟空に対して直接呼びかけた場面の次に出てくる言い方である。「師兄」は、もともと兄弟子に対する言い方であるが、ここではそれを真似して言っているのである。ここでは言い方をその「師兄」と改め、またその呼び方も直接相手に呼びかけるのではなく、文言の一般的な言い方「動詞＋目的語」である「告師兄」としている所に特徴がある。つまりは漁師の主人も言い方を改めて発言しているというわけである。

---

[11] なおこの「小師」という言い方そのものは仏教の用語のようで、受戒十年未満の者に対する呼称。『喩世明言』第三十五巻「簡帖僧巧騙皇甫妻」に「剃度這廝做小師。」(こいつを剃度して小坊主にしました。) とある。なお該書におけるその他の「小師」の用例は「小師應諾。」 (p. 235)(小坊主はみな承知しました。) がある。

また孫悟空に対して「師僧一行」と呼びかける言い方が出てくる。「僧侶のご一行様」という意味である。用例は1例である。以下に挙げる。

(23) 師僧一行，往之何處？（p. 240）
（僧侶のご一行様、どちらへお出かけですか？）

ここは白虎の精である白衣の婦人が正体を隠して孫悟空に呼びかけている言い方である。ここでの「往之」はともに動詞である。ここの「師僧一行，往之何處」は四字一句を構成する典型的な文言の表現を襲っており、白虎の精がたいへん丁寧な言い方をしていることが分かる。なおこの「師僧一行」は「ご一行様」と複数を指している。

4.4.2.2.2.2　玄奘三蔵に対する対称詞

次に玄奘三蔵に対して名詞を用いてどのように呼びかけているかを見る。
まず最も典型的な言い方は「我師」と人称代名詞「我」に名詞「師」を加えた形である。「我が師匠」という意味である。該書には16例現れる。2例を挙げる。

(24) 請我師入寺内巡賞一廻。（p. 237）
（我が師匠どうぞ境内に入って一巡り致しましょう。）
(25) 我師，前去地名蚘子國。（p. 238）（我が師匠、これから行く地名は蛇の国です。）

この言い方は全て孫悟空が玄奘三蔵に対して用いたものである。まず(24)は厳密に言えば「我が師匠に寺の中に入って・・・をお願いする」という言い方で、現代語であれば「請您・・・」に当たるものである。ただし該書では人称代名詞を用いるのではなく名詞を加えたこの「我師」という形を用い

た所に特徴がある[12]。

　次の（25）はきわめて示唆に富んだものである。(25) では「我が師匠、」と呼びかけているが、その次は「これから行く地名は・・・」とその国に対する説明の言葉なのである。つまりはこの言葉は現代語と同じく呼びかけのためだけに使われたものなのである。中国では現在学生が先生と会話をする場合よく「老师,」という呼称を使うが、この文献では「我師」がそれに当たるというわけである。

　次に該書でよく用いられるものとして「和尚」がある。「和尚さま」といった意味である。この言い方の発話者は孫悟空に止まらず、また用法も多様である。計13例である。ここでは2例を挙げる。

(26) 啓和尚知悉，(p. 245)
（和尚さまに申し上げます）
(27) 和尚，你喫否？ (p. 248)
（和尚さん、食べますか？）

　まず（26）の方は伝統的な文言の用法である。厳密に訳せば「和尚さまに知っていただくように申し上げます」という言い方である。「和尚」という言い方自体はおそらくもともとは梵語由来の口語的な表現と思われるが、構文としては文言のごく基本的なものと考えて差し支えない。

　それに対して（27）の方はきわめて新しい用法である。ここは玄奘が蟠桃の実を食べたいと悟空に言った場面である。蟠桃の実が手に入りその実を見て驚いた玄奘に対して、悟空が半分ふざけながら「和尚」と呼びかけた後、「你」と人称代名詞を用いて構文を作っているのである。「和尚」は日本語では「和尚さん」とよりくだけた訳になる。この言い方は現代語の例えば「老师, 您吃吗？」へと続くものであり、おそらくはこの時期あたりから使われ

---

[12] ちなみに後の『西遊記』になると「師父」という言い方が頻出するが、該書にはそれは見られない。

出したものであろう。

　また玄奘には「法師」という呼びかけの言い方がある。この言い方も発話者は孫悟空に止まらない。計8例である。2例を挙げる

(28) 法師曾知兩廻死處無？（p. 236）
（法師さまは二度お亡くなりになった場所を覚えておいでですか？）
(29) 法師委付，可塑於七身佛前護殿。（p. 256）
（法師のお頼みならば、仏像を七身作り堂を守らせることにする。）

　前例（28）は前回第二回で弟子となった孫悟空が玄奘三蔵に言った言葉である。一方（29）は玄宗が玄奘三蔵に言った言葉である[13]。
　また「法師」にはその後に「等七人」を付け加えた「法師等七人」という言い方が1例ある。以下に挙げる。

(30) 法師等七人，時至當返天堂。（p. 252）
（法師等七人は時が至れば天堂に返らなければならない。）

　ここは定光仏が玄奘に言った言葉である。ここでは複数形であることとその人数を述べる必要があるため、このような表現になっているのである。厳密に言えば古代漢語にも複数形語尾を使った例がないわけではないが、早期白話でのこの用例は、複数形を表したいという要請から起こったものだと考えた方が良さそうである[14]。
　その他の語彙として「師」がある。これは「我師」を省略した形と考えればよい。「師匠」という意味で、計6例である。2例を挙げる。

---

[13] ただしここでは発話者が皇帝ということで日訳すると尊敬の意がいくぶん弱くなる。
[14] 古代漢語にも例えば『論語』「八佾」24、p. 133に「二三子何患於喪乎？」（諸君どうして位を失うことを心配するのか？）という「二三子」の用例がある。しかしこれは弟子が何人かということを表したいという、いわば「弟子の形態」をもとに示されたものであって、後の複数形へと連なるという文法的な要請から表されたものとは異なる。

(31) 師善講經否？（p. 236）
（師匠はお経を講じることができますか？）
(32) 師不要敬，（p. 247）
（師匠驚かないで下さい。）

　まず(31)は羅漢が玄奘三蔵に対して語った場面である。ここでは玄奘に尊敬の意を込めて「師」と言っているのである。ここから「師」自体は別に悟空だけが発話者ではないことがわかる。
　次の(32)は孫悟空が発話者である。玄奘に対して語っている場面である。驚いている玄奘に「驚かないで下さい」と言っているのである。該書では悟空は、玄奘に対しては「我師」と呼称するのが普通であるが、ここではそれを省略して「師」と言ったまでである。
　また他に「師七人」といった箇所が1例ある。以下の如くである。

(33) 請師七人，就此住持。（p. 246）
（どうか師匠さま七人に、ここで住持になっていただきたいのです。）

　ここは女人国の女王が玄奘一行七人を尊敬の意を込めてこう呼んでいるのである。ここはさきほどから何度か述べている「名詞＋数量フレーズ」の用例である。
　また「師等」という「名詞＋複数形語尾」の形式も今1例見られる。以下の如くである。

(34) 師等今日既到，何不喫齋？（p. 254）
（師匠様方はこうしていらっしゃったのに、どうして精進料理をお上がりにならなのですか？）

　ここは玄奘一行が王舎城から戻り道に或る長者の元を訪れた際に、そこで

用意された精進料理に箸を付けない彼らに対して、長者が述べたものである。「師匠様方」という意味である。ここでは尊敬の意を込めて、また一人ではないことを表すため「師等」と言っているのである。

また「僧行」という語彙もある。この語彙自体の意味は「僧侶一行」ということであり、計3例である。ただこの語の意味はここで述べるように誰かに呼びかける場合と、後に述べるように呼びかけない場合とに分けられる。ここでは呼びかける場合の以下の計1例を挙げる。

(35) 今日得覯僧行一來，奉為此中起造寺院，　(p. 246)
（今日お坊様ご一行にお目にかかることを得ましたからには、ここに奉じて寺院をお作りいたします、）

ここは女人国の女王が玄奘一行に直接呼びかけて「お坊様ご一行」と言っている場面である。

最後に玄奘三蔵には「和尚師兄」のように「和尚」と「師兄」とを並列した形式も見られる。意味としては複数である。以下計1例を挙げる。

(36) 和尚師兄，豈不聞古人說：『人過一生，不過兩世。』　(p. 246)
（和尚さまとお兄さま達、昔の人も『人は一生を過ぎれば良く、二世を過ぎる必要はない』と言っているではないですか。）

ここは「和尚」に対して今一度呼びかけるために、わざわざ強調して「和尚師兄」と言ったのである。女王は今度は玄奘以外の弟子の方にも気を配っているというニュアンスである。

4. 4. 2. 3　他称詞

孫悟空と玄奘の二人が直接本人ではなく、他の人物の間でどう呼ばれてい

るかについても、二種の言い方が認められる；一つは「三人称代名詞」であり、もう一つは名詞を用いた「他称詞」である。

4.4.2.3.1　三人称代名詞

　三人称代名詞についても二人それぞれ特色がある。

4.4.2.3.1.1　孫悟空に対する三人称代名詞

　まず孫悟空が他の人物の間で三人称代名詞を用いてどう呼ばれているかについては、「他」という語彙が認められる。
　この語彙は早期白話に見られるものである。敦煌文書の五代十国期のものに用例が見られる[15]。
　厳密に言えば古代漢語にも三人称代名詞は存在する。例えば「他」と「渠」については西山2010に述べた通りである。また「伊」という語彙は既に『世説新語』に現れる[16]。しかし古代漢語のものは萌芽的なそれであり、近世漢語のものとは明らかに異なると言える。該書では孫悟空に対しては計3例の用例が認められる。ここでは2例を挙げる。

(37)(38) 元初説他九度見黄河清，我將謂他妄語；(p.247)
（初め彼が九度黄河が澄むのを見たと言った時、でたらめを言う奴だが、と思っていたが；）

　これは玄奘三蔵に対する一人称代名詞の用例（4）として挙げたもので、

---

[15] 例えば『敦煌變文選注』「舜子變」p.334 に「如何詛他鞭恥？」（どうしてあの子を打ち叩けるものか？）とある。
[16] 『世説新語』「方正」25、p.174 に「江家我顧伊，庾家伊顧我。」（江家は私が目をかけているし、庾家は私に目をかけてくれる。）とある。

翻って孫悟空に対する三人称代名詞として見てみると、孫悟空を「他」と客観的に表現することが可能なのである。よってこのような表現が出てくるのである。

4. 4. 2. 3. 1. 2　玄奘三蔵に対する三人称代名詞

次に玄奘三蔵に対する三人称代名詞について、この文献に関してはそういった語彙は存在しない。ただしこれは別にこの文献全体にこういった語彙がないということではない。さきほどの「他」についていえば、該書全体では計7例の用例が見られるのである[17]。「他」の指すものは孫悟空3例、癡那2例、小行者1例、白虎1例である。だとすれば玄奘に用例がないというのはその地位が高貴なため、たまたま立場上「他」の用例が見られないということではなかろうか。その他大梵天王、定光佛に「他」が見られないのも同じ理由である。

4. 4. 2. 3. 2　名詞を用いた他称詞

名詞を用いた他称詞についてもさまざまなものがある。

4. 4. 2. 3. 2. 1　孫悟空に対する他称詞

まず孫悟空について、「行者」という言い方が出てくる。計1例である[18]。以下に挙げる。

---

[17]　「他」字そのものは、全体で8例あるが、そのうち1例は「其他」であり、そこは代名詞としての用例には認められない。
[18]　ちなみにp. 239「行者今朝到此時」における「行者」は「小行者」のことであり、孫悟空のことではない。

(39) 此時行者神通顯，保全僧行過大坑。 (p. 241)
（この時行者は神通力を顕わにし、法師一行は大坑のある箇所を通り過ぎるのに恙ない。）

　ここは詩の中の2句であり、発話者は特定されておらず、今この状況を説明しているという箇所である。誰かに直接呼びかけているわけではない。
　その他孫悟空には「此行者」という呼称がある。これも計1例である。以下に挙げる。

(40) 此行者亦是大羅神仙。 (p. 247)
（この行者は大羅神仙のようでもあるな。）

　　ここは玄奘三蔵が孫悟空のことを他の一行に向かって説明している箇所である。ここも誰かに自分や相手のことを直接語っているのではないのである。

　また孫悟空には「大明賢」と呼ばれている箇所がある。計1例である。以下に挙げる。

(41) 此日前生有宿緣，今朝果遇大明賢。 (p. 235)
（前世に縁があればこそ、今日は果たして大明賢に遇うこととなった。）

　ここも詩の中の2句で、発話者は玄奘三蔵である。この回で現れた孫悟空を褒め称えて「大明賢」と言っているのである。

4.4.2.3.2.2　玄奘三蔵に対する他称詞

　次に玄奘三蔵について見てみると、まず「僧行」という言い方がある。「法

師一行」という意味である。これは (35) のように相手に対する呼びかけに用いられるが、以下の2例のように呼びかけ以外にも用いられる。

(42) 此時行者神通顯，保全僧行過大坑。（p. 241）
（この時行者は神通力を顕わにし、法師一行は大坑のある箇所を通り過ぎるのに恙ない。）

(43) 荒州荒縣無人住，僧行朝朝宿野盤。（p. 245）
（荒涼とした州や県には住む人も無く、法師一行は毎晩野宿する。）

まず (42) の方はさきほど (39) で示した例と同じもので、法師一行が大坑のある箇所を通り過ぎる様を描写した詩の一部である。

二つ目の (43) は玄奘三蔵が成した詩の冒頭の二句であり、例 (6) で示した仏教の讃のように玄奘の自称と考えることも可能である。しかしここは自分達を「僧行」と客観視して描写したと考えることにしたい。

また「僧行」には「七人僧行」と、「僧行」に数量表現を前置したものもある。「七人の僧侶」という意味になる。計1例を挙げる。

(44) 謂言七月十五日，七人僧行返天庭。（p. 253）
（聞けば七月十五日、七人の僧侶は天宮に帰るという。）

ここも詩の2句で、七月十五日に七人の僧侶が天宮に帰るさまを同じく客観的に描写しているのである

またその他「玄奘僧行七人」と具体的に説明している場面もある。計1例を挙げる。

(45) 今日下界大唐國内，有僧玄奘僧行七人赴水晶齋，（p. 236）
（今日は下界の大唐国より、玄奘という僧侶七人が水晶斎に参りました、）

ここは大梵天王のそばに控える五百羅漢の一人が大梵天王の問いに答える箇所である。「玄奘という僧侶七人」と言っている。ここは日本語であれば「〜という」のように初対面の人物に対してその状況を具体的に説明しているところである。

　また「師僧」すなわち「師匠である僧侶」という言い方もある。計1例を挙げる。

（46）今日農夫逢見面，師僧方得少開顏。（p. 245）
（今日農夫と顔を合わせ、師匠は顔がすこし微笑んだ。）

　ここも玄奘が成した詩の一部であり、さきほど挙げた（43）の前半に続く後半の2句である。
　内容も自己を「師僧」と客観視して描写したさまは（43）と同じである。
　また先程2.2.2.2で述べた「法師」に一人称代名詞が前置された「我法師」という言い方がある。意味は「わが師匠」である。ただここでの言い方は「対称詞」ではなく「他称詞」である。計1例を挙げる。

（47）要抽背脊筋一條，與我法師結條子。（p. 242）
（背脊筋を一本引き抜いて、我が師匠に結びつけてやろう。）

　ここは孫悟空が玄奘に対して直接呼びかけたのではなく、戦いの相手である九龍に対して述べていると考えるべき箇所である。
　また玄奘を褒め称えて「大師」と言っている箇所が計1例ある。例を挙げる。

（48）百萬程途向那邊[19]，今來佐助大師前。（p. 235）

---

[19] 「那邊」が「どこ」という意味を表すことについては夙に西山2006において述べておいた。

（百万の路程は何処へと向かう、今大師が前に進むのを助けて行く。）

　ここは孫悟空が成した詩の前半 2 句である。玄奘に呼びかけたのではないのはさきほどの（47）と同じである。
　次に玄奘を「此和尚」と言っている場面が次の 1 例である。以下に挙げる。

(49) 此和尚果有德行。（p. 251）
（この和尚様には果たして徳行がございますな。）

　ここは福仙寺の僧徒達が述べた箇所であるが、ここも玄奘本人に向かって言っているのではなく、現れた経巻を見ての言葉である。
　最後に該書には玄奘を仏教徒ではなく、単に「此人」と述べた箇所が計 1 例ある。「この人」という意味である。以下に挙げる。

(50) 此人三生出世，佛教倶全。（p. 236）
（この人は三回世に生まれているので、仏の教えを全て備えている。）

　ここは大梵天王が五百羅漢に向かって説明している言葉である。大梵天王が発話者であるのでここには特に敬意は見られない。

4. 4. 3. 3　結語

　今回は合計 113 例について分析を行った．本論で述べたことを纏めると以下のようになる；
　即ち『取経詩話』における第一人称代名詞は孫悟空「我」、玄奘「我」・「我七人」であり、一方その名詞に由来する自称詞は孫悟空無し、玄奘「玄奘」・「貧僧」・「臣」・「臣僧」である。
　第二人称代名詞は孫悟空「你」・「汝」、玄奘「你」・「汝」・「汝等七人」で

あり、一方その名詞に由来する対称詞は孫悟空「小師」・「師兄」・「師僧一行」、玄奘「我師」・「和尚」・「法師」・「法師等七人」・「師」・「師七人」・「師等」・「僧行」・「和尚師兄」である。

第三人称代名詞は孫悟空「他」、玄奘無しであり、名詞に由来する他称詞は孫悟空「行者」・「此行者」・「大明賢」、玄奘「僧行」・「七人僧行」・「玄奘僧行七人」・「師僧」・「我法師」・「大師」・「此和尚」・「此人」である。

なお今回現れた語彙を図表として纏めてみた。

【図表35】（『取経詩話』出現語彙一覧）

	孫悟空	玄奘
一人称代名詞	「我」	「我」・「我七人」
自称詞		「玄奘」・「貧僧」・「臣」・「臣僧」
二人称代名詞	「你」・「汝」	「你」・「汝」・「汝等七人」
対称詞	「小師」・「師兄」・「師僧一行」	「我師」・「和尚」・「法師」・「法師等七人」・「師」・「師七人」・「師等」・「僧行」・「和尚師兄」
三人称代名詞	「他」	
他称詞	「行者」・「此行者」・「大明賢」	「僧行」・「七人僧行」・「玄奘僧行七人」・「師僧」・「我法師」・「大師」・「此和尚」・「此人」

今回の考察を通じて私が最も気になったことは複数形の問題である。確かに該書にも「汝等」といった複数形は存在するが、それは古代漢語に由来するもので、且つ複数形という文法形式ではなくそれが複数であることを強調する際に修辞的に現れるものである。その他実際に該書で用いられる形式は「我七人」、「師僧一行」と古代漢語から用いられる数詞を伴った形式である。

一方所謂文法形式としての複数形は宋詞や語録などに「〜毎」等の形式で現れる。早期白話に係わるものとしては平話に「〜毎」や「〜門」の形式が登場し、それが明清白話において「〜們」と結実するようである。
　具体例を挙げると『三国志平話』巻上において以下のような用例がある。

(51) 孫堅言咱門是貓狗之徒、飯嚢衣架[20]。(p. 32)
（孫堅は俺達を犬猫の輩、弁当包みだとか衣紋掛けだとか言いやがった。）

　この問題は近世漢語の変遷を考える上で重要な視点となり得るものと私は考える。

---

[20] ただし上海古典文学出版社1955本では「咱們」に文字を改めているが、ここではそれには従わない。

第5章

結論と今後の展望

5.1 結論

　本書で述べたことを纏めると以下のようになる。

　まず第1章では古代漢語文法研究における時期区分と言語資料の問題を論じた。まず第1節では、商周漢語、古代漢語、近世漢語というおおまかな枠組みを示し、次に古代漢語の下限について述べた。また第2節では古代漢語の言語資料としては、春秋戦国期『論語』以降の歴史・思想方面の十分な校訂を経た文献に限定して論じることとした。

　第2章では古代漢語における指示詞の問題を論じた。まず第1節で研究史の大まかな流れを示し、次に第2節において上古漢語の『孟子』を基本的な言語資料として示し、その体系が所謂三分指示であることを論証した。また第3節では上古漢語の指示詞が中古漢語においては「繋詞」へと変遷してゆくさまを見た。

　次の第4節では『孟子』近称指示詞限定語に特有の現象について述べた。また第5節では疑問指示代名詞に焦点を絞り、古代漢語における変遷のさまを見た。最後の第6節においては、指示詞「彼」が語用的なレベルにおいては「他称詞」として用いられることを論じ、この現象は次の第3章へと繋がるものである、ということを示した。

　第3章では古代漢語における人称代名詞及び人称詞の問題を論じた。まず第1節においては前章と同じく上古漢語の『孟子』について人称代名詞の概観を述べた。第2節では「其」が先行詞を持つ、持たない場合について論じ、「其」が人称に拘らない「代替代名詞」であることを論証した。

　次の第3節と第4節では『論語』と他の文献との歴史的な違い、『楚辞』と北方文献との方言間による違いについて論じた。最後の第5節では人称代名詞よりも広い概念「人称詞」を、『遊仙窟』の呼称について論じた。

　第4章では早期白話における指示人称表現の展開について論じた。まず第1節では早期白話の絶対数の少なさ、そしてどの文献を使用するか、を論じ

た。次の第 2 節では第 1 章第 5 節で述べた古代漢語の疑問指示代名詞が、早期白話ではどのように展開されるかを論じた。

次の第 3 節では「敦煌変文」の指示詞の特に「此個」について、そして最後の第 4 節では第 3 章第 5 節で述べた人称詞が、『大唐三蔵取経詩話』ではどのような呼称で使用されるかを論じた。

5. 2　今後の展望

最後に本書から見えてきた課題と今後の展望について述べたい。

まずは用例数の正確さの問題である。本書では様々な文献の用例数を数えた。そのためにはどのテキストを用いるのかも大きな問題であった。用例数とテキストについて本書ではできるかぎり正確さを追求したつもりであるが、多々遺漏があるのではないかということを恐れる。ただ今回の結果が本書の再検討を要するほどの大きな差異が生じたとは考えていない。

2012 年 6 月時点においてインターネットの普及により多くの文献が検索可能となっている。文献の用例数も、サイトの基づいたテキストによって違いがおそらくあろう。今後の研究はどのテキストが最も優れたものか、またそのテキストがきちんとした校訂を経たものであるか、などの課題が浮き彫りになってくることは間違いない。

二つ目の問題は言語資料の選択の問題である。本書の第 2 章では主に『孟子』を言語資料としたが、特に言語資料は『孟子』でなければいけない、というわけではない。全体としては、古代漢語では『論語』、『楚辞』、『左傳』、『孟子』、『論衡』、『世説新語』、『遊仙窟』を言語資料とし、近世漢語では「敦煌変文」、『大唐三蔵取経詩話』、『三国志平話』を言語資料としたが、これも確信があってのことではない。

特に問題となることは、今回取り上げなかった種類の資料をどのように考えてゆくか、ということである。商周漢語には甲骨文、金文というたいへん重要な文献群がある。古代漢語についても出土資料の特にいわゆる実用文献、

また漢魏六朝の漢訳仏典にも様々な固有の文法現象がある。

また近世漢語についてはまず儒家や禅の語録という問題がある。また元雑劇や『老乞大』などの会話集もその言語的な位置を考えておかなければならない。明清白話や民国期以降の漢語にもさまざまな文法現象があると考えられる。さらに今回は述べる機会がなかったが、漢語諸方言の文法現象も論じておかなければならない問題であると強く感じている。今後こういった多様な問題についてはすこしずつ検討を進めていきたいと考えている。

三つ目の問題は理論的な分析方法である。私の問題意識は常に文献そのものにあり、言い換えれば文献を記述することに終始している。それは第2章第2節でも述べた「論証の際には資料の均質性を十分に考慮し、理論については必ずデータに対する責任をともなうべきである」という立場あってのことである。

しかしそれは理論的根拠を全く度外視しているわけでは決してない。例えば本書では「格」の問題を全く扱わなかった。「格」の問題を扱わなかった理由は、漢語という言語においてこの事項は重要な概念とはなり得ないと判断してのことである。しかし例えば研究者の中には「能格性」の問題などで漢語においてもこの概念を詳しく論じている者もいる。このような理論的な説明は機会があれば検討すべきものであると私も思う。

四つ目の問題は言語の系統の問題である。本書をご覧になった方の中には漢語と日本語或いは朝鮮語となどの言語との系統を考えた方もおられるかも知れない。しかし私はそのことについては言及するつもりはない。漢語と日本語或いは朝鮮語との系統の間には、特に統語の分野において越えがたい溝があることは事実である。

ただ一方ではもっと大きな枠組みでの視野も必要であると考えている。よく一般に「シナ・チベット語」という系統を設定する考え方がある。しかし私の見たところでは漢語とチベット語にさしたる統語的な関連性があるとは思えない。また漢語とタイ語では単語と単語、特に形容詞と名詞の語順について決定的な違いがある。それとは逆に日本語や朝鮮語の特に語彙の形成

において漢語の果たした役割には計り知れないものがある。言語の形成には単に基礎語彙と統語では捉え切れない部分があることを我々は自覚しておかなければならない。

　また漢語それ自身においても単に一つの言語系統だけを想定することに対して私は再検討の余地があるのではないかと切に感じている。例えば文言、白話の間には特に統語において大きな隔絶がある。また文言には基本的に第三人称代名詞がない、二人称代名詞は目上の人物には使用できない、そのことは後の白話の文法現象にも影響関係がある、などといったことも常に考えるべき事項であると感じている。

　今後私はこの分野、及び関連分野において研鑽をなお一層積み重ねてゆく所存である。皆様の忌憚なきご叱正、ご鞭撻を切に希望する次第である。

参考文献目録

テキスト及び翻訳：

『尚書正義』（〔唐〕孔穎達疏、北京大學出版社 2000 年本）
『論語正義』（〔清〕劉寶楠撰、中華書局 1990 年本）
『孟子正義』（〔清〕焦循撰、中華書局 1987 年本）
　　小林勝人譯注『孟子（上・下）』（岩波文庫 1968、1972 年）
　　朴一峰譯著『孟子』（育文出版社 1994 年）
『楚辭補注』（〔宋〕洪興祖撰、中華書局 1983 年本）
『春秋左傳注』（楊伯峻編著、中華書局 1981 年本）
『晏子春秋集釋』（呉則虞著、中華書局 1982 本）
『銀雀山漢墓竹簡（壹）』（銀雀山漢墓竹簡整理小組編、文物出版社 1985 年本）
『礼記正義』（〔唐〕孔穎達疏、北京大学出版社 2000 年本）
『史記』（〔漢〕司馬遷撰、中華書局 1959 年本）
『論衡校釋』（〔民国〕黄暉撰、中華書局 1990 年本）
『世説新語校箋』（徐震堮著、中華書局 1984 年本）
「遊仙窟」『近代漢語語法資料彙編（唐五代巻）』（劉堅・蔣紹愚主編、中華書局 1990 年本）
『唐人小説』（汪辟疆校録、上海古籍出版社 1978 年本）
『万葉集［白文］』（佐佐木信綱編、岩波文庫上巻 1930 年本）
『白居易集箋校』（朱金城箋校、上海古籍出版社 1988 年本）
『敦煌変文集』（王重民他編、人民文学出版社 1957 年本）
『敦煌變文集新書』（潘重規編著、文津出版社 1994 年本）
『敦煌變文校注』（黄征、張涌泉校注、中華書局 1997 年本）
『敦煌變文選注』（項楚著、中華書局増訂 2006 年本、1990 年初版）
「大唐三蔵取経詩話」（『近代漢語語法資料彙編』「宋代巻」劉堅・蔣紹愚主編、商務印書館 1992 年本）

『大唐三藏取經詩話校注』（李時人・蔡鏡浩校注、中華書局 1997 年本）

「大唐三蔵取経詩話全訳」（太田辰夫訳、磯部彰主編『大倉文化財団蔵宋版大唐三蔵取経詩話』汲古書院 1997 年本、もと中国古典文学全集『西遊記下』平凡社 1963 年）

「大唐三蔵取経詩話訳注」（志村良治訳注 1959-1961 年本、もと『愛知大学論叢一九、二一』、いま志村良治『中国小説論集』汲古書院 1986 年本に拠る）

『朱子語類』（王星賢點校、中華書局 1986 年本）

『全宋詞』（唐圭璋編、中華書局 1965 年本）

『三國志平話』（上海古典文學出版社 1955 年本）

『西遊記』（李卓吾評本、上海古籍出版社 1994 年本）

『古今小説』（上海古籍出版社 1987 年本）

参考文献：

Bloomfield、L. 1933 *Language*（Henry Holt and Co. ：University of Chicago Press Edition、1984）

貝羅貝、吳福祥 2000「上古漢語疑問代詞的發展與演變」（『中國語文』4 期、pp. 311-326）

陳夢家 1956 『殷虚卜辭綜述』（科學出版社、いま 1988 年中華書局本に拠る）

崔立斌 1992「『孟子』的述賓結構」（北京大学中文系『語言学論叢』第十七輯、pp. 187-221、商務印書館）

Dobson, W. A. C. H. 1959 *Late Archaic Chinese*（University of Toronto Press）

Dobson, W. A. C. H. 1974 *A Dictionary of the Chinese Particles*（University of Toronto Press）

董同龢 1948『上古音韻表稿』（中央研究院歷史語言研究所集刊 18）

馮春田 1992「從王充『論衡』看有關繫詞的『是』的問題」（山東教

育出版社『兩漢漢語研究』pp. 341-364)

馮蒸 1983 「関于漢藏語系空間指示詞的幾個問題」(『均社論叢』13、pp. 1-19)

馮蒸 1987 「古漢語語法研究與漢藏語比較」(光明日報出版社『文字與文化叢書』(二) pp. 195-198

Gassmann, R. H. 1980 *Das Grammatische Morphem Ye – eine Untersuchung seiner syntaktischen Funktion im Menzius –* (Verlag Peter Lang AG)

Gassmann、R. 1984 Eine Kontextorientierte Interpretation der Pronomina 吾 und 我 im 孟子 (*Asiatische Studien* 37-2, pp. 129-153)

管燮初 1953 『殷虚甲骨刻辭的語法研究』(中国科学院語言學專刊)

管燮初 1981 『西周金文語法研究』(商務印書館)

郭錫良 1980 「漢語第三人称代詞的期限和発展」(北京大学中文系『語言学論叢』第六輯 pp. 64-93、商務印書館)

郭錫良 1989 「試論上古漢語指示代詞的體系」(『語言文字學術論文集』pp. 57-76、知識出版社)

郭錫良 1990 「關於繫詞『是』産生時代和来源論争的幾点認識」(『王力先生紀念論文集』pp. 222-239、商務印書館)

顧炎武 『日知録』 (上海古籍出版社 1985 年本)

濱田敦 1970 『朝鮮資料による日本語研究』(岩波書店)

Harbsmeier, Christoph 2004 斯, 此, and 是 Revisited: An Interm Report on Work in Progress (台湾中央研究院語言学研究所『「第五届国際古漢語語法検討会」曁「第四届海峡両岸語法史検討会」論文集〔Ⅰ〕』、pp. 191-204)

Hawkins, John A. 1978 *Definiteness and Indefineteness —a Study in Reference and Grammaticality Prediction* (Humanities Press)

何樂士 1984 「『左傳』的人稱代詞」(『古漢語研究論文集(二)』北京出版社 pp. 108-138) (いま何樂士著『古漢語語法研究論文集』商

務印書館 1989 年本、pp. 287-317 に拠る）

何樂士 1989 『左傳虛詞研究』（商務印書館）

何樂士 1990 「敦煌変文與『世説新語』若干語法特点的比較」（『隋唐五代漢語研究』山東教育出版社、pp. 133-268）

黄盛璋 1963 「古漢語的人身代詞研究」（『中国語文』6期、pp. 443-472）

黄盛璋 1983 「先秦古漢語指示詞研究」（『語言研究』5期、pp. 136-157）

胡適 1921 「吾我篇－藏暉室讀書筆記之二－」（『胡適文存』第一集巻二、上海亜東圖書館、いま遠東圖書公司 1953 年本、pp. 248-253 に拠る）

入矢義高 1975 「（解説）変文」（平凡社中国古典文学大系『仏教文学集』pp. 425-427）

磯部彰 1997 「大倉文化財団蔵『大唐三蔵取経詩話』解題」（磯部彰主編『大倉文化財団蔵宋版大唐三蔵取経詩話』、汲古書院 pp. 171-254）

姜宝琦 1982 「談談与人称代詞"其"有関的句式及対"其"的訓釈」（『中国語文』第 3 期、pp. 200-204）

蒋禮鴻 1997 『敦煌変文字義通釈（増補定本）』（上海古籍出版社）

金岡照光 1981 『敦煌の物語』（東方書店）

Karlgren、B. 1920 Le Proto-Chinois, langue flexionelle （*Journal Asiatique* 11-5-2、 pp. 205-232）

Karlgren、B. 1951 Excursions in Chinese Grammar（*Bulletin of the Museum of Far Eastern Antiquities* No. 23、pp. 107-133）

Kennedy、G. 1956 「再論吾我」（李保均訳、中央研究院『中央研究院歴史語言研究所集刊』28、pp. 273-281）

木村英樹 1990 「漢語第三人称代詞敬語制約現象的考察」（『中国語文』5 期、pp. 344-345）

木村英樹 1992 「中国語指示詞の遠近対立について」（大河内康憲編集『日本語と中国語の対照研究論文集［上］』くろしお出版）（以上 2 編はいま木村英樹著『中国語文法の意味とかたち』第 3 章「指

示詞のダイクシス」pp. 57-84、第 4 章「三人称代名詞の敬語制約」pp. 87-114 白帝社 2012 年本に拠る）

金文京 1995 「王昭君變文考」（京都大学中国文学会『中國文學報』50、pp. 81-96）

金水敏・田窪行則 1990 「談話管理理論からみた日本語の指示詞」（日本認知科学会編『認知科学の発展』3、講談社）

金水敏・田窪行則 1992 『日本語研究資料集－指示詞』（ひつじ書房 2004 年 2 刷）

廖序東 1964 「論屈賦中人稱代詞的用法」（『中國語文』5 期、pp. 360-367、いま『楚辞語法研究』語文出版社 1995 年本に拠る）

劉堅 1982 「『大唐三藏取經詩話』寫作時代蠡測」（原載『中国語文』5 期、いま『劉堅文集』上海辞書出版社 2005 年本、pp. 55-74 に拠る）

Li and Thompson 1981 *Mandarin Chinese －A Functional Reference Grammar－* （University of California Press）

Lü, Shuxiang 1940 The Third Person Pronouns and Related Matters in Classical and Modern Chinese （いま呂淑湘『漢語語法論文集（修訂本）』商務印書館 1984 年本 pp. 38-57 に拠る）

呂叔湘 1942-44 『中国文法要略』（商務印書館、いま 1982 年本に拠る）

呂叔湘 1985 『近代漢語指代詞』（江藍生補、学林出版社 1985 年）

呂叔湘 1990 「指示代詞的二分法和三分法」（『中國語文』6 期、pp. 401-405）

馬建忠 1898-99 『馬氏文通』（商務印書館、いま今章錫琛 1954『馬氏文通校注』本に拠る）

松下大三郎 1930 『標準漢文法』（中文館書店）

三上章 1970 『文法小論集』（くろしお出版）

三上章 1955 『現代語法新説』（刀江書院、いまくろしお出版 1972 年復刊本に拠る）

村上幸造 1999 「甲骨文の『茲』と『之』について」（*Memoirs of the*

Osaka Institute of Technology Series B Vol. 44. No. 2、pp. 33-42)

中川諭 1999 「『三国志平話』について」(二階堂善弘・中川諭訳注『三国志平話』光栄、pp. 1-12)

西山猛 1987 「『馬氏文通』における傳統小学の継承のしかた」(九州大学中国文学会『中国文学論集』第 16 号、pp. 97-129)

西山猛 1989 「上古漢語における指示詞の認識構造」(日本中國語学会『中國語学』第 236 号、pp. 42-52)(本書第 2 章第 2 節)

西山猛 1992a 「『孟子』近指指示詞的特殊用法」(九州大学文学部『文学研究』第 89 輯、pp. 219－234)(本書第 2 章第 4 節、上古漢語における代名詞「其」の特殊用法)

西山猛 1992b 「上古漢語第一人稱代詞『予』的出現條件問題」(九州大学中国文学会『中国文学論集』第 21 号、pp. 106－117)(本書第 2 章第 3 節、上古漢語における第一人称代名詞「予」の用いられる条件)

西山猛 1996 「上古漢語における指示詞『彼』の他称詞としての用法」(九州中国学会『九州中国学会報』第 34 巻、pp. 76-86)(本書第 2 章第 6 節)

西山猛 1997 「上古漢語『其』的特殊用法」(九州大学言語文化部『言語科学』第 32 号、pp. 97－103)(本書第 3 章第 2 節、上古漢語における代名詞「其」の特殊用法)

西山猛 2001 「古代漢語『是』字中的繫詞的産生與指示代詞的發展」(九州大学大学院言語文化研究院『言語科学』第 36 号、pp. 113－119)(本書第 2 章第 3 節、古代漢語「是」字における繫詞としての成立と指示詞としての変遷)

西山猛 2002a 「中国語文法の歴史的なうつりかわり」(九州大学中国文学会編『わかりやすくおもしろい中国文学講義』pp. 268-278、中国書店)

西山猛 2002b 「唐代における動詞『話』の成立」(九州大学大学院言

語文化研究院『言語文化論究』第 16 号、pp. 117-123）

西山猛 2004 「古代漢語文法研究における時期区分の再設定」（研究代表者九州大学石汝杰、平成 14-15 年度科学研究費補助金（基盤研究 C−2）研究成果報告書『「呉語読本」音声データの作成と公開』論文・翻訳編（第一冊）、pp. 25-29）（本書第 1 章第 1 節）

西山猛 2005 「古代漢語における場所を表す疑問代名詞の歴史的変遷」（九州大学中国文学会『中国文学論集』第 34 号、pp. 119-130）（本書第 3 章第 5 節）

西山猛 2006 「早期白話における場所を表す疑問代名詞の歴史的変遷」（東ユーラシア言語研究会主編『東ユーラシア言語研究』第 1 集 pp. 140-149、好文出版）（本書第 4 章第 2 節）

西山猛 2010 「『遊仙窟』における主人公の呼称」（九州大学大学院比較社会文化学府『比較社会文化』）第 16 巻、pp. 45-50）（本書第 3 章第 5 節）

太田辰夫 1958 『中国語歴史文法』（江南書院）

太田辰夫 1984 『古典中国語文法（改訂版）』（汲古書院、初版 1964 年）

太田辰夫 1988 『中国語史通考』（白帝社）

太田辰夫 1997 「大唐三蔵取経詩話補説」（汲古書院『大倉文化財団蔵宋版大唐三蔵取経詩話』pp. 155-169、初出は 1960 年平凡社中国古典文学全集）

大西克也 1992 「殷周時代の一人称代名詞の用法をめぐって－殷周漢語研究の問題点－」（『中国語学』239、pp. 115-124）

Ogawa, T. 1980. Demonstratives in the Suzhou Dialect（*Computational Analyses of Asian & African languages*、No. 13、pp. 149-151）

小川環樹 1981 「蘇州方言的指示代詞」（『方言』4 期、pp. 287-288）

小川環樹 1968 「變文と講史」（『中國小説史の研究』pp. 125-145 岩波書店、初出は 1954『日本中國學會報』6）

小川環樹・荘司格一 1962 「古小説の語法 ― 特に人称代名詞および疑問代名詞の用法について」（『集刊東洋学』8、いま小川環樹『中国小説史の研究』岩波書店 1968 年本 pp. 274-292 に拠る）

岡村繁 1966 「楚辞と屈原－ヒーローと作者の分離について－」（『日本中國學會報』18、86-101）

尾崎雄二郎 1960 「『吾』、『我』の使い分けについて」（『立命館文学』180、いま『中国語音韻史の研究』、pp. 14-27、創文社 1980 年本に拠る）

播允中 1982 『漢語語法史概要』（中州書画社）

駢宇騫 1985 『銀雀山竹簡晏子春秋校釋』（文物出版社、いま萬巻樓圖書 2000 年本に拠る）

漆權 1984 「『史記』中的人称代詞」（『語言學論叢』第 12 輯 pp. 171-193）

佐久間鼎 1951 『現代日本語の表現と語法（改訂版）』（厚生閣、1936 年初版）

讃井唯允 1988 「中国語指示代名詞の語用論的再検討」（『人文学報』1988 年 198 号 pp. 1-19）

商務印書館 1998 『新華字典（修訂本）』（商務印書館）

柴田武 1993 『世界のことば小事典』（大修館書店）

志村良治 1984 『中国中世語法史研究』（三冬社）

宋寅聖 1991 『韓非子［是］字用法研究』（台湾中国文化大学中国文学研究所碩士論文）

鈴木直治 1981 「『此』について」（『金沢経済大学論集』15-2、pp. 155-18）

鈴木直治 1982 「指示詞としての『是』について」（『金沢経済大学論集』16-1、pp. 401-423）

鈴木直治 1983a 「『彼』について」（『金沢経済大学論集』16-2・3、pp. 105-133）

鈴木直治 1984b 「「夫」について」（「金沢経済大学論集」17-2、pp. 89-139）

鈴木直治 1987 「『我』『吾』について」（『金沢経済大学論集』21-23、

pp. 303-329) 　（以上5編はいま『中国古代語法の研究』汲古書院 1994 年、pp. 267-422 に拠る）

鈴木重幸　1972　『日本語文法・形態論』　（むぎ書房）

鈴木孝夫　1973　『ことばと文化』　（岩波新書）

田窪行則・金水敏　1996「対話と共有知識－談話管理理論の立場から」（『言語』25-1、pp. 30-39、大修館書店）

唐鈺明　1991　「上古判断句変換考察」（『中国語文』5 期、pp. 388-389）

牛島徳次　1965　「古代漢語の人称と称呼」（日本中国語学会『中国語学』第 151 号）（いま大修館書店『漢語文法論［古代編］』pp. 169-181、1967 年本に拠る）

牛島徳次　1967　『漢語文法論（古代編）』（大修館書店）

王力　1937　「中国文法中的繋詞」　（『清華學報』12－1、いま中華書局『龍蟲並雕齋文集』第 1 冊 pp. 252－314、 1980 年本に拠る）

王力　1944-45　『中國語法理論』（商務印書館、いま『王力文集』第一卷、山東教育出版社 1984 年本に拠る）

王力　1980　『漢語史稿（修訂本中冊）』（中華書局、科學出版社 1958 年初版）

王力　1981　『古代漢語（修訂本）』（中華書局、1962-64 年初版）

王力　1989　『中國語法史』（商務印書館）

魏培泉　2004　『漢魏六朝稱代詞研究』（『語言暨語言學』專刊甲種之六、中央研究院語言學研究所）

呉福祥　1996　『敦煌変文語法研究』（岳麓書社）

呉辛丑　1985　「人称代詞『其』的両種罕見用法」（『中国語文』第 4 期、p. 288）

孫錫信　1992　『漢語歷史語法要略』　（復旦大學出版社）

孫錫信　1989　「從『論衡』中『是』的用法看繋詞『是』產生的途徑」（『語文論文集』上海百家出版社 1989 年）（いま『漢語歷史語法叢稿 pp. 95-102、漢語大詞典出版社 1997 年に拠る）

山崎直樹 1991 「『左伝』における『吾』『我』による格表示の分裂の条件」(日本中国語学会『中国語学』238、pp. 106-114)

Яхонтов、С. 1965 *Древнекитайский Язык*（Издательство Наука）

楊克定 1992 「從『世説新語』、『捜神記』等書看魏晋時期動詞『來』、『去』語義表達和語法功能的特点」(程湘清主編『魏晋南北朝漢語研究』pp. 240-275、山東教育出版社)

吉池孝一 1990 「蘇州語指示詞の指示領域について」(拓殖大学『語学研究』63 号)

俞敏 1949「漢語的『其』跟藏語的 gyi」(『燕京学報』第 37 期 pp. 75-94)

俞敏 1981「漢藏兩族人和話同源探索」(『北京師範大学学報』社会科学版第 1 期、pp. 45-53)

張萬起 1987 「『馬氏文通』用例小計」(張萬起編中華書局『「馬氏文通」研究資料』、pp. 341-343、原載『語文研究』1984 年 2 期)

張西堂 1958 『尚書引論』(陝西人民出版社)

張玉金 2006 「関於先秦漢語指示代詞体系的問題」(張玉金主編『出土文献語言研究』第一輯、広東高等教育出版社)

張振徳等 1995『世説新語語言研究』(巴蜀書社)

張志公 1953 『漢語語法常識』(中国青年出版社)

周法高 1954 『中国古代語法（稱代編)』(中央研究院歴史研究所專刊之三十九、中央研究院歴史研究所)

周生亞 1980 「論上古漢語人稱代詞繁複的原因」(『中国語文』2 期、pp. 127-139)

朱徳熙 1985『語法答問』(商務印書館)

初出誌一覧

0　古代漢語の指示詞と人称詞
　　　（2012年2月執筆、書き下ろし）

1　古代漢語文法研究の時期区分と言語資料の選定に関する考察

　1.1　古代漢語文法研究における時期区分の再設定
　　　（2004年1月執筆、原載『「呉語読本」音声データの作成と公開』、平成14-15年度科学研究費補助金研究成果報告書、pp. 25-29、2004年3月刊行）

　1.2　古代漢語研究における言語資料選別の基準
　　　（2005年9月執筆、本節は「古代漢語における場所を表す疑問代名詞の歴史的変遷」、原載『中国文学論集』［九州大学中国文学会］第34号、pp. 119-130、2005年12月刊行、の一部、一部改訂を加えた）

2　古代漢語の指示詞

　2.1　対照研究の観点から見た古代漢語指示詞研究略史
　　　（2011年3月執筆、2012年5月改訂、書き下ろし）

　2.2　上古漢語における指示詞の認識構造
　　　（1989年3月執筆、原載『中国語学』（日本中国語学会）第236号、pp. 42-52、1989年10月刊行、一部改訂を加えた）

　2.3　古代漢語「是」字における繋詞としての成立と指示詞としての変遷
　　　（2000年12月執筆、原文は中国語、原題「古代漢語『是』字中的

繫詞的產生與指示代詞的發展」、原載『言語科学』〔九州大学大学院言語文化研究院〕第 36 号、pp. 113－119、2001 年 2 月刊行、一部改訂を加えた）

2. 4 『孟子』近称指示詞の限定語としての語用の特殊性
　　　（1991 年 6 月執筆、原文は中国語、原題「『孟子』近称指示詞的特殊用法」、原載『文学研究』〔九州大学文学部〕第 89 輯、pp. 219－234、1992 年 3 月刊行）

2. 5 古代漢語における場所を表す疑問代名詞の歴史的変遷
　　　（2005 年 9 月執筆、原載『中国文学論集』（九州大学中国文学会）第 34 号、pp. 119－130、2005 年 12 月刊行、一部は序章第 2 節に掲載）

2. 6 上古漢語における指示詞「彼」の他称詞としての用法
　　　（1996 年 1 月執筆、原載『九州中国学会報』第 34 巻、pp. 76－86、1996 年 5 月刊行、一部改訂を加えた）

3　古代漢語の人称詞

3. 1 古代漢語における人称代名詞の概要
　　　（2012 年 2 月執筆、書き下ろし）

3. 2 上古漢語における代名詞「其」の特殊用法
　　　（1996 年 11 月執筆、原文は中国語、原題「上古漢語"其"字的特殊用法」『言語科学』第 32 号、pp. 97－103、1997 年 2 月刊行）

3. 3 上古漢語における第一人称代名詞「予」の用いられる条件

(1992年8月執筆、原文は中国語。原題「「上古漢語第一人稱代詞『予』的出現條件問題」『中国文学論集』第21号、pp. 106－117、1992年12月刊行)

3. 4 『楚辭』第一人称代名詞の用法から見た上古漢語の方言間による違い

(1994年1月執筆、原文は英語、原題 'On the Differences of the Usages of First-Person pronouns between the Chuci and Other Texts in Classical Chinese' 『第一屆国際先秦語法檢討會論文集』中国湖南岳麓書社、pp. 364－382、1994年12月刊行、一部改訂を加えた)

3. 5 『遊仙窟』における主人公の呼称

(2009年10月執筆、原載『比較社会文化』(九州大学比較社会文化学府) 第16巻、pp. 45－50、2010年3月刊行)

4 早期白話における指示人称表現

4. 1 白話文の成立における言語資料選別の基準

(2004年1月執筆、原題「中国口語文成立における言語資料選別の基準」『言語文化研究叢書Ⅸ－社会開発学をめぐって』[九州大学大学院言語文化研究院] pp. 115－120、2004年2月刊行、の一部。及び2006年1月執筆、「早期白話における場所を表す疑問代名詞の歴史的変遷」『東ユーラシア言語研究』第1集 [東ユーラシア言語研究会] pp. 140-149、好文出版2006年3月刊行、の一部、一部改訂を加えた)

4. 2 早期白話における場所を表す疑問代名詞の歴史的変遷

(2006年1月執筆、『東ユーラシア言語研究』第1集 [東ユーラシ

ア言語研究会]、pp. 140-149、好文出版、2006 年 3 月刊行)

4．3　敦煌変文における近称指示詞の諸相
　　　(2001 年 9 月執筆、原載『中国文学論集』(九州大学中国文学会)
　　　第 40 号、pp. 119－130、2011 年 12 月刊行)

4．4　『大唐三蔵取経詩話』における主人公の呼称
　　　(2010 年 9 月執筆、九州大学大学院言語文化研究院『言語文化論究』
　　　第 26 号、pp. 59－71、2011 年 2 月刊行)

5　結論と今後の展望
　　　(2012 年 2 月執筆、2012 年 6 月改訂、書き下ろし)

学術用語索引

(数字はページ数を表す)

疑問代名詞
 13　64　65　66　67　69　74　75　129　147　149　152　155

呼称
 9　44　129　165　175　176　178　180　184　192　193

混用
 29　50　54　59　79　103　106　119

主人公
 129　131　134　135　136　139　140　165　166

出土資料
 13　14　41　42　132　193

商周漢語
 9　12　13　79　80　89　127　192　193

早期白話
 4　12　129　145　146　147　148　149　158　165　179　182　189　192　193

談話管理理論
 19

場面指示
 21　31　32　34　35

文法機能
 27　29　30　58　97　105

文脈指示
 21　30　31　33　34　35　36　48

明清白話
 10　12　145　147　148　156　165　189　194

あとがきにかえて

　本書は2013年3月九州大学大学院人文科学府に提出した博士学位論文『古代漢語における指示人称表現研究』を改訂したものです。学位論文に関しては竹村則行先生（中国文学）に主査をお願いし、靜永健先生（中国文学）、南澤良彦先生（中国哲学）、久保智之先生（言語学）、そして学外からは東京大学の大西克也先生（中国語学）に審査をしていただきました。特にここに記して感謝の意を表したいと考えます。

　本書で検討した内容についてはすでに本文中に述べたことですので特にここでお名前を挙げて申し上げることはしません。多くの皆様の忌憚なきご意見をお待ち申し上げる次第です。

　本書の出版に関しましては好文出版の尾方敏裕社長に特に御礼を申し述べます。またいろいろ不自由な状況にあった私に対して公私にわたってご援助いただいた九州大学の同僚であった故日下翠先生、そして現在も同僚の中里見敬先生に御礼の言葉を捧げたいと思います。それから熊本市在住の母、姉夫婦と甥、福岡市在住の妻にも感謝の意を表します。そして末筆ですが、本書を亡き父に捧げることをお許し下さい。どうもありがとうございました。

（2013年11月）

付記　本書は平成25年度九州大学教育研究プログラム・研究拠点プロジェクト（P&P）より助成を承けて出版されるものである。

【著者略歴】

西山猛（にしやま たけし）
　1962年熊本県出身。1990年九州大学大学院博士課程中退。九州大学助手、大分県立芸術文化短期大学講師を経て、現在九州大学准教授、博士（文学）。主要著書に、『わかりやすくおもしろい中国文学講義』（中国書店2002年）、『古代東アジアの知識人－崔致遠の人と作品』（九州大学出版会2013年）（ともに共著）等。

漢語史における指示詞と人称詞

2014 年 2 月 10 日　発行

著　者　西山 猛

発行者　尾方敏裕

発行所　株式会社 好文出版
　　　　〒162-0041　東京都新宿区早稲田鶴巻町540 林ビル3F
　　　　電話 03-5273-2739　FAX 03-5273-2740

制　作　日本学術書出版機構 (JAPO)

Ⓒ Takeshi Nishiyama 2014 Printed in JAPAN ISBN4-87220-175-8

本書をいかなる方法でも無断で複写、転載することを禁じます
乱丁落丁はお取り替えいたしますので直接弊社宛お送りください
定価は表紙に表示してあります